Álcool, Cigarro e Drogas

Álcool, Cigarro e Drogas

Ilustrações de Adão Iturrusgarai

11ª impressão

PANDA BOOKS

© Jairo Bouer

Diretor editorial
Marcelo Duarte

Diretora comercial
Patth Pachas

Diretora de projetos especiais
Tatiana Fulas

Coordenadora editorial
Vanessa Sayuri Sawada

Assistente editorial
Olívia Tavares

Projeto gráico e edição de arte
A+ Comunicação

Preparação de texto
Vera Lúcia Emidio

Revisão
Daniela Bessa Puccini
Alessandra Miranda de Sá
Cristiane Goulart
Ana Maria Barbosa

Colaboração
Ana Paula Corradini
Fernanda Wendel

Consultoria
Dr. Marcelo Ribeiro
Psiquiatra e diretor clínico da Unidade de Pesquisa em Álcool e Drogas (Uniad) – Universidade Federal de São Paulo (Unifesp)

Impressão
Eskenazi

DADOS INTERNACIONAIS DE CATALOGAÇÃO NA PUBLICAÇÃO (CIP)
(CÂMARA BRASILEIRA DO LIVRO, SP, BRASIL)

Bouer, Jairo
Álcool, Cigarro e Drogas/ Jairo Bouer. – 1. ed. – São Paulo: Panda Books, 2004. 80 pp.

ISBN: 978-85-87537-65-2

1. Alcoolismo 2. Dependência química 3. Drogas – Abuso – Prevenção 4. Drogas – I. Abuso – Tratamento Título

04-3949   CDD-158

Índice para catálogo sistemático:
1. Dependência química: Psicologia aplicada 158

2020
Todos os direitos reservados à Panda Books.
Um selo da Editora Original Ltda.
Rua Henrique Schaumann, 286, cj. 41
05413-010 – São Paulo – SP
Tel./Fax: (11) 3088-8444
edoriginal@pandabooks.com.br
www.pandabooks.com.br
Visite nosso Facebook, Instagram e Twitter.

Nenhuma parte desta publicação poderá ser reproduzida por qualquer meio ou forma sem a prévia autorização da Editora Original Ltda. A violação dos direitos autorais é crime estabelecido na Lei nº 9.610/98 e punido pelo artigo 184 do Código Penal.

SUMÁRIO

Por que falar sobre drogas?, 6

1. O jovem e as drogas, 9

2. Cigarro: fácil de tragar, difícil de largar, 19

3. Álcool: sem exagerar na dose, 27

4. A maconha e seus mitos, 33

5. Outras drogas: "viagens" diferentes, 39

6. Drogas e sexo: uma dupla nada dinâmica, 47

7. Formas de tratamento, 51

8. Que drogas são essas?, 57

9. Toques finais, 77

Sobre o autor, 80

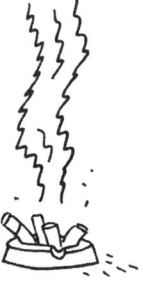

Por que falar

Achar o tom ideal para falar sobre drogas é um desafio para especialistas do mundo todo. Mesmo nos consultórios, o diálogo do psicólogo ou do psiquiatra com o paciente que apenas experimentou ou que já é usuário de algum tipo de droga é, muitas vezes, difícil. Qual seria, então, o melhor jeito de abordar essa questão?

Adotar um discurso moralista, proibitivo, que não explica nem informa, não funciona. Não basta também usar *slogans* simplistas, do tipo "Drogas? Tô fora!". Por outro lado, não se pode adotar um tom liberal e irresponsável para falar do assunto. Uma coisa é certa: não é possível abrir mão da informação. É importante esclarecer quais são os riscos envolvidos na questão das drogas, ressaltando que cada um é livre para fazer suas opções, mas é responsável por elas.

Quanto mais informada, mais condições a pessoa terá de tomar uma decisão acertada. Porém, em se tratando de comportamento, a informação é só o primeiro passo. Conta muito como está a nossa cabeça, como é o grupo que nos cerca, a nossa família, o mundo de hoje...

> Em média, 25% dos estudantes já experimentaram algum tipo de droga, excluindo o cigarro e o álcool.

sobre drogas

Nos últimos anos os jovens ficaram muito mais perto das drogas. Quem é que nunca ouviu um amigo, um colega de escola ou mesmo alguém da família falando do assunto? Muitos deles já chegaram a ter nas mãos um inalante ou um cigarro de maconha, sem falar nas drogas lícitas (o álcool e o cigarro), cuja venda é permitida para maiores de 18 anos.

Em média, 25% dos estudantes já experimentaram algum tipo de droga, excluindo o cigarro e o álcool. Isso quer dizer que, de cada quatro jovens que estão na escola, um já usou droga pelo menos uma vez na vida. Em primeiro lugar, vêm os solventes, seguidos da maconha, dos ansiolíticos (calmantes), das anfetaminas e da cocaína.

A adolescência é uma fase de mudanças. E toda mudança gera algum grau de angústia, de medo. Insegurança, timidez, problemas com autoestima podem levar o jovem a procurar a droga. Muitas vezes, ele não consegue perceber que conversar, fazer amigos, aprender a superar seus limites são alternativas muito mais saudáveis para lidar com suas dificuldades. Nessa fase a descoberta de novas possibilidades, a curiosidade, a inquietação, a pressão do grupo podem trazer a ilusão de que as drogas abrirão novas portas. Será que a vida já não é suficientemente rica em emoções e riscos?

Pesquisas sobre o contato dos jovens com as drogas revelam alguns pontos em comum. Se você nunca experimentou droga, tente manter essa postura. A maioria dos jovens também ainda não usou. É bom você não ter tido essa experiência. Na adolescência, o risco de alguém que experimenta drogas se tornar um usuário frequente é maior do que na idade adulta.

Quem já experimentou e usa eventualmente precisa prestar atenção no impacto que a droga causa em sua vida, além das complicações legais que podem surgir pelo uso de substâncias proibidas.

Um usuário eventual de maconha, por exemplo, pode ter sua atenção e seus reflexos comprometidos. E, às vezes, sem se dar conta, pode se colocar em situação de risco ao dirigir um carro ou atravessar a rua. O álcool também pode trazer complicações para a vida do adolescente.

Quem faz uso de droga com certa frequência deve buscar a ajuda de um especialista. Assim será mais fácil entender os comprometimentos que a droga pode causar. Quem já é dependente não deve perder tempo. Precisa de suporte.

Em mais de dez anos de trabalho com adolescentes, recebi centenas de *e-mails* e cartas com dúvidas sobre drogas. Publiquei alguns, respondi outros, porém muitos ficaram sem resposta. Decidi, então, reunir neste livro as dúvidas e as pesquisas mais recentes para trazer um pouco mais de informação sobre o assunto. Faça bom proveito!

Jairo Bouer

CAPÍTULO 1

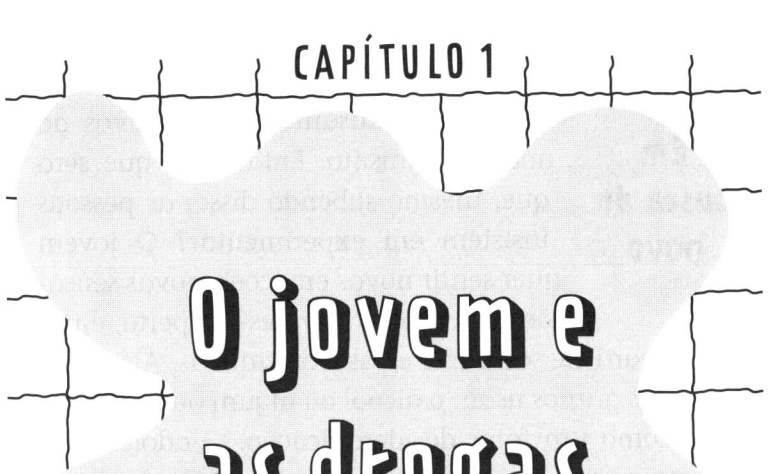

O jovem e as drogas

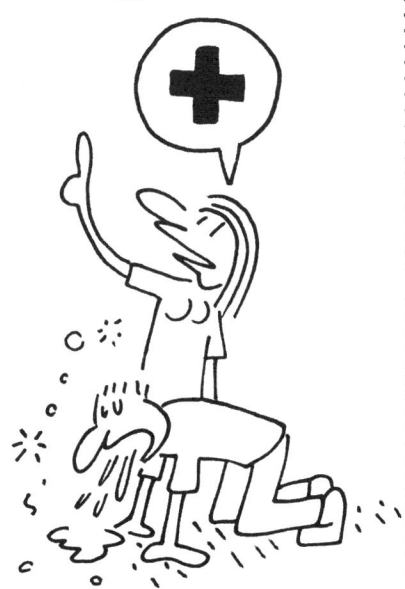

Será que faz mal experimentar uma vez só? O efeito é o mesmo para todo mundo?

O que fazer quando alguém passa mal por causa de droga?

Como essas dúvidas são muito comuns hoje em dia, vamos tentar responder.

Em busca do novo

Drogas causam efeitos nocivos ao nosso organismo. Então, por que será que, mesmo sabendo disso, as pessoas insistem em experimentar? O jovem quer sentir novas emoções, novas sensações. E a droga, às vezes tão perto, é um convite para ele satisfazer essas expectativas. Além disso, muitos grupos usam o álcool ou algum outro tipo de droga como um fator de identificação. O adolescente quer fazer parte do grupo e sente que precisa da droga para ser aprovado. Tanto que, nas "baladas", é comum encontrar gente que nem pensava em usar droga e acaba experimentando.

Muitos jovens estão inseguros ou com a autoestima abalada. A droga parece oferecer uma espécie de muleta para aliviar esses problemas. Outros querem desafiar e testar limites e veem as drogas como um campo propício para essa exploração. Eles acham chato ser "careta". Muita gente pensa que tem controle sobre o corpo e acredita que nunca vai ficar dependente. Grande engano!

É importante lembrar que dá para fazer tudo isso: ser parte de um grupo, buscar novos limites e lidar

com as inseguranças sem precisar de drogas. Viagens, cultura, esportes, amizades, relacionamentos... São tantas as alternativas que as descobertas estão garantidas por décadas a fio.

Cada cabeça, uma sentença

Existe um efeito esperado para cada tipo de droga, mas nem sempre duas pessoas se sentem de maneira idêntica ao usar a mesma droga; às vezes, nem a própria pessoa se sente da mesma forma ao consumir a mesma droga em situações diferentes. Cada substância age de forma particular. Depende do tipo de droga, de quem está usando e da situação em que ela é consumida. A mesma droga pode ter concentrações diferentes, e cada pessoa pode ter um grau de sensibilidade. Além disso, o grupo ou as expectativas da pessoa podem influenciar no que ela sente.

Homem x Mulher

As reações também podem ser diferentes de acordo com o sexo – a mulher, por exemplo, é comprovadamente mais sensível ao álcool. Mas, além das diferenças biológicas, existem as diferenças sociais. Muitas vezes os homens são mais pressionados a usar algum tipo de droga para que sejam aceitos no grupo (a frase "Beber é coisa de homem" diz muito!). Mulheres podem iniciar o uso para agradar o parceiro. O consumo de álcool e drogas ilícitas é maior entre os homens. Já o uso de drogas prescritas (calmantes e remédios para emagrecer) é mais comum entre as mulheres.

Por que as drogas viciam?

As drogas ativam no cérebro o sistema de recompensa. Há uma sensação de bem-estar quando a substância é ingerida. Quem começa pode querer usar outras vezes para recuperar essa sensação. Algumas provocam reações muito ruins quando seu uso é interrompido (síndrome de abstinência). As pessoas continuam consumindo a droga para evitar essas sensações desagradáveis. Outros têm uma predisposição genética para ficar dependentes. Se começam, é mais difícil parar. É como se o seu corpo tivesse uma dificuldade natural

Só hoje! Muitas pessoas têm curiosidade de experimentar algum tipo de droga, prometem para elas mesmas que será a única vez, mas continuam. A maioria não se torna dependente, porém algumas podem ter sérios problemas. Drogas como a cocaína e a heroína são capazes de provocar *overdose* e podem ser fatais. Quem nunca usou não sabe qual é a dose tolerada pelo organismo, o que aumenta ainda mais os riscos. Já a maconha, o LSD, as anfetaminas e o *ecstasy* podem provocar pânico e até mesmo surtos psicóticos – a pessoa pode achar, por exemplo, que está sendo perseguida. Por causa das sensações inesperadas, principalmente na primeira vez, as drogas podem alterar nossa percepção da realidade e nos levar a fazer coisas que não faríamos, aumentando o risco de acidentes.

em lidar com as drogas. Pessoas ansiosas, deprimidas, com problemas de autoestima correm maior risco de precisar das drogas para lidar com suas limitações. Problemas com a família e as pressões do grupo também podem influenciar na dependência.

Usuário x Dependente

Nem todas as drogas viciam, assim como nem todo usuário fica dependente. Aliás, apenas uma minoria abusa e torna-se dependente. Na verdade, existem três "padrões de consumo":

- os usuários eventuais – a maioria, aqueles que fazem uso esporádico das drogas;
- os que abusam das substâncias e acabam sentindo o impacto delas em sua vida;
- os dependentes, que "precisam" da droga e têm sua vida muito ligada a ela.

Algumas drogas oferecem menos risco de dependência, como a maconha, enquanto outras, como a cocaína, oferecem riscos maiores.

Na verdade, não dá para prever quem irá abusar das drogas ou se tornar dependente antes de começar a fazer uso delas. Por isso, é muito complicado dizer que experimentar por curiosidade ou usar de vez em quando não traz nenhum risco de dependência. Só o tempo e a reação de cada um é que dirão.

O que é overdose?

Overdose é o consumo de droga em quantidade muito alta, superior àquela que o organismo pode suportar. Pode trazer riscos para a saúde e até mesmo levar à morte. Algumas drogas, como a cocaína e a heroína em quantidades um pouco elevadas, provocam alterações mais graves, que podem levar a pessoa a ter parada respiratória ou infarto. Comparado a essas substâncias, o álcool tem menos chance de provocar *overdose*. Porém, quando consumido em doses muito altas, pode causar coma alcoólico ou ainda risco de morte, se a pessoa não for atendida a tempo.

Ação entre amigos

Muitas vezes são os próprios amigos que apresentam a droga pela primeira vez. "Se eles usam, por que é que eu não posso usar?" Esta é uma pergunta que martela na cabeça de muita gente. É importante lembrar que as pessoas são diferentes. Ninguém precisa copiar um comportamento para parecer mais "descolado". Ser "descolado" é seguir seus princípios. Coloque seu ponto de vista para seus amigos. Talvez eles repensem sua opção pelas drogas. No início, podem achar que você é careta por não querer usar droga. O importante é você não se achar careta. Acredite em você, no seu jeito de ser e nas suas opiniões. À medida que crescemos, temos "sede" de matar a nossa curiosidade. Vivemos muitas experiências, mas o que fica de fato são as coisas essenciais.

Você não precisa se afastar do seu amigo. Não adianta querer evitá-lo. Conversar e oferecer ajuda, se ele quiser, é o primeiro passo. Ele deve pesar os riscos que está correndo e o impacto que o consumo da droga está causando em sua vida. Existem outras alternativas para levar a vida com emoção. Sermões e broncas não são tão eficazes como um bom papo, franco e direto. Se o uso da droga for abusivo, provavelmente você não vai dar conta do recado e seu amigo pode se beneficiar da ajuda de um especialista (psicólogo ou psiquiatra). Quem sabe você não funciona como uma espécie de ponte para a mudança de atitude dele?

Emergência! O que fazer quando alguém passa mal por causa de droga?

Não perca tempo. Leve a pessoa a um hospital o mais rápido possível. Só assim ela terá condições de enfrentar problemas sérios, como convulsões, parada respiratória, infarto etc. Muitas vezes, os amigos ficam com medo de procurar um hospital porque a pessoa usou droga. Saiba que o médico está preocupado em garantir a saúde da pessoa, e não em passar sermão ou chamar a polícia.

Sem lugar no pódio

Usar drogas prejudica o desempenho de quem pratica esportes. Mesmo o álcool e o cigarro não fazem nada bem. Fumar diminui a quantidade de oxigênio absorvida pelos pulmões. Com isso, há menos oxigênio no sangue transportado para as células e músculos do corpo, que fica com menor capacidade para fazer esportes. O pulmão perde a elasticidade para receber oxigênio e liberar gás carbônico, o que diminui a capacidade respiratória do atleta. Além disso, a nicotina aumenta os batimentos cardíacos. O coração do fumante tem de trabalhar mais, e a pessoa fica cansada mais rápido.

Riscos para a mãe e o bebê

Muitas garotas que usam ou já usaram droga e engravidam têm vergonha de tocar no assunto com o ginecologista, com medo de ouvir um sermão ou mesmo de sofrer algum tipo de discriminação. No entanto, sem orientação, os riscos se tornam ainda maiores. O *ecstasy*, por exemplo, assim como as anfetaminas, pode causar contrações no útero, aumentando o risco de aborto ou de um parto prematuro. Essas drogas também aumentam a contração dos vasos sanguíneos, o que dificulta a chegada do sangue a diversas partes do corpo, incluindo a placenta, estrutura localizada no útero de onde o bebê tira o oxigênio e os nutrientes necessários para o seu desenvolvimento. Resultado: a criança pode nascer com peso abaixo do normal ou ser portadora de deficiência.

Os "fornecedores"

Hoje, os especialistas atribuem boa parte da violência e das mortes nas grandes cidades à ação dos traficantes – disputa por áreas de venda, acerto de contas e interligação do tráfico com quem tem poder. Tudo isso pode parecer muito distante da sua realidade, mas a maconha e a cocaína não são vendidas apenas para quem mora em favela.

Pesquisas atuais têm mostrado que 40% a 50% dos jovens da classe média já experimentaram maconha.

Cigarro se compra em qualquer supermercado, padaria ou bar. A maconha é adquirida diretamente do traficante! Cada baseado que alimenta essa poderosa rede de traficantes contribui para aumentar a violência na cidade em que você vive. O sujeito que vem trazer o papelote na porta da faculdade é o mesmo que, se estiver "louco" pela droga ou precisando de dinheiro, pode assaltar sua mãe, roubar seu carro ou até matar um dos seus amigos. Você já pensou nisso?

CAPÍTULO 2

Cigarro
Fácil de tragar, difícil de largar

Na primeira tragada, muita gente nem imagina que há mais de 4 mil substâncias tóxicas no cigarro, que podem causar doenças como o câncer, além de complicações durante a gravidez.

Cuidado: parar é muito mais difícil que começar.

Fumar pra quê?

Na primeira tragada, o gosto é ruim. A fumaça irrita as vias aéreas e a pessoa tosse. Pode também sentir tontura. Com tantas sensações desagradáveis, por que então experimentar?

O jovem começa a fumar porque acha que "pega bem", que vai parecer mais maduro. Ele pode até se sentir mais seguro.

Amigos e pais fumantes podem abrir o caminho para a pessoa experimentar e, depois, influenciar o padrão de consumo. O cigarro passa a funcionar como um código da turma. Sair para a "balada" e acender um cigarro vira um ritual. Em casa, por exemplo, depois do jantar, acender um cigarro e conversar vira rotina. Assim, o cigarro vai sendo incorporado aos hábitos da pessoa. Parar de fumar significa quebrar parte desses condicionamentos, o que torna ainda mais difícil se libertar da dependência da nicotina (veja mais informações na página 73).

Quem começa a fumar mal sabe que está fazendo uma grande bobagem e iniciando uma história que, até ser superada, já fez estragos suficientes em sua saúde.

Você sabia que...

... comprovadamente, na faixa etária de 12 a 18 anos, é muito fácil ficar dependente da nicotina? Quem começa a fumar e resolve insistir no hábito por mais de seis meses está mais propenso a continuar fumando nos próximos trinta anos!

Tabaco: a imagem do sucesso

A indústria tabagista não é nada ingênua e se aproveita do fato de a grande maioria dos fumantes comprar o seu primeiro maço ainda na adolescência. As propagandas de cigarro nos meios de comunicação, proibidas no Brasil desde 2000, eram voltadas a esse público. Você acha que as imagens daqueles jovens sarados praticando esporte têm alguma coisa a ver com quem fuma?

Teste

Qual destas substâncias está presente no cigarro?
a) Amônia – usada em produtos para limpar banheiro.
b) Cianeto – usado para matar rato.
c) Formaldeído – usado para preservar o corpo de animais mortos.
d) Todas as alternativas anteriores.

Resposta: d) Todas as alterantivas anteriores.
Para ser mais exato, o cigarro contém 4.720 substâncias tóxicas. Mais de quarenta delas podem causar câncer e muitas outras doenças.

Você sabia que... ... jovens que fumam têm três vezes mais chance de consumir bebidas alcoólicas e oito vezes mais chance de usar maconha? Comportamentos de risco, como se meter em brigas e fazer sexo sem proteção, também estão associados ao uso do cigarro.

Os prejuízos causados pelo cigarro são quase imediatos, tanto que os efeitos nocivos já podem ser percebidos a partir do primeiro ano de fumante. Os adolescentes que fumam tossem mais, têm menos fôlego e pior forma física. Quem começa a fumar na adolescência e continua por vinte ou trinta anos pode morrer até vinte anos mais cedo do que aqueles que nunca experimentaram um cigarro. Nos Estados Unidos, por exemplo, o cigarro mata mais que drogas ilegais, acidentes de carro e Aids.

Inimigo silencioso: cigarro x câncer

Os fumantes são mais propensos a desenvolver câncer em diferentes órgãos: pulmão, cabeça, pescoço, boca, língua, esôfago, estômago, bexiga, intestino, rins, pâncreas, entre outros. O tabagismo é diretamente responsável por 30% das mortes por câncer em geral e 90% das mortes por câncer de pulmão.

Fumar por tabela

Nem sempre é preciso fumar para sentir os efeitos do cigarro. É o caso dos chamados "fumantes passivos", pessoas que não gostam de fumar, mas convivem com quem fuma. A fumaça pode piorar alergias, principalmente nas vias respiratórias. Além disso, os não fumantes sofrem com irritação nos olhos e no nariz, tosse e dor de cabeça. A médio e longo prazo, aumentam os riscos de arteriosclerose (obstrução dos vasos sanguíneos), infecções respiratórias e redução da capacidade respiratória do pulmão.

Mães que fumam podem prejudicar seus bebês mesmo quando eles ainda estão na barriga, pois aumentam os riscos de aborto, parto prematuro e baixo peso ao nascer. Após o nascimento, a criança não sofre apenas ao inalar a fumaça que sai da ponta do cigarro, mas também recebe a nicotina junto com o leite materno. De acordo com a Organização Mundial da Saúde (OMS), crianças expostas à fumaça do cigarro têm mais chance de ter pneumonia, asma e bronquite e de se tornarem adultos fumantes.

Tudo isso deveria fazer as pessoas pensarem duas vezes antes de saírem distribuindo baforadas por aí, você não acha?

Cigarro é pior do que maconha?

Fumar cigarro por muitos anos traz mais riscos de câncer e de doenças do coração e do pulmão do que fumar maconha. Até porque a quantidade de fumaça tragada diariamente por quem fuma cigarro é muito maior do que por quem fuma maconha. Mas a maconha também não é uma droga inocente. Seu uso regular pode causar maior dificuldade de concentração, lentidão para realizar tarefas banais, o que pode atrapalhar o rendimento na escola, no trabalho e até em casa.

> **Você sabia que...** ... para cada trezentos cigarros produzidos, uma árvore é derrubada? Portanto, a pessoa que fuma um maço de cigarros por dia acaba com a vida de uma árvore a cada quinze dias!

Missão quase impossível

O cigarro pode causar todas essas doenças a longo prazo, mas será que dá para fumar só de vez em quando, para matar a vontade ou a curiosidade? Uma das milhares de substâncias que existem no cigarro é a nicotina. Ela é responsável pela sensação de bem-estar depois de uma tragada. A maior parte das pessoas não consegue fumar apenas um cigarro de vez em quando. Em geral, o que começa como uso esporádico acaba se tornando um hábito frequente. A pessoa passa a fumar cada vez mais e se torna dependente do cigarro. Quanto mais cedo for o contato com o cigarro, maior será o risco da dependência. É difícil conseguir fumar apenas um cigarro. E mais difícil ainda é voltar atrás e tentar parar. Por isso, pense bem antes de experimentar seu primeiro cigarro!

Uma longa viagem de volta

Parar de fumar é difícil, mas não impossível. Muita gente que tenta abandonar o cigarro por conta própria acaba desistindo logo no começo, pois não é fácil tentar vencer a dependência causada pela nicotina. Quem para sente muita vontade de voltar a fumar. Sem cigarro, a pessoa fica nervosa, tensa, tem maior dificuldade de se concentrar, transpira mais, sente tontura e dor de cabeça, não dorme direito, o coração bate mais rápido, e o desejo de fumar aumenta até a nicotina voltar ao corpo. Ainda bem que essas sensações passam nas primeiras semanas, que são justamente as mais difíceis.

Pesquisas mostram que, de cada cem pessoas que tentam largar o cigarro por conta própria, apenas uma ou duas conseguem alcançar seu objetivo. É por isso que, para facilitar a interrupção, uma alternativa é procurar a ajuda de um especialista, que pode receitar a reposição da nicotina na forma de adesivo ou chiclete, ou ainda usar um remédio antidepressivo, que controla a "fissura" pelo cigarro.

A reposição da nicotina aumenta em cerca de 15 a vinte vezes a chance de uma pessoa largar o cigarro, assim como o uso de antidepressivo. O tratamento

pode levar de três a quatro meses, mas a boa notícia é que, depois de dois dias sem fumar, a pessoa já sente melhor o gosto e o cheiro dos alimentos. O pigarro desaparece e o "pique" no dia a dia aumenta.

Parar de fumar engorda?

Esse é um temor frequente de quem quer parar de fumar. Durante as primeiras semanas, a pessoa fica mais ansiosa, irritada, e pode querer comer mais para compensar essas sensações. Além disso, o metabolismo do corpo muda um pouco. Com isso a pessoa pode ganhar uns quilinhos a mais. Esse ganho de peso varia de pessoa para pessoa. Em média, o ganho é de até 2,5 quilos. Um lembrete: para manter o peso, é só tentar não comer mais do que o de costume, ter uma dieta balanceada e praticar esportes ou fazer algum tipo de atividade física.

CAPÍTULO 3

Álcool
Sem exagerar na dose

Apesar de proibido para menores de 18 anos, o álcool é consumido por adolescentes cada vez mais jovens.

Além de passar mal depois de alguns goles a mais, a pessoa pode ficar dependente e até desenvolver doenças mais sérias.

Como descobrir qual é o seu limite?

Só para relaxar

Não é de hoje que a humanidade gosta de bebidas alcoólicas. Muitos países, aliás, se orgulham de suas bebidas típicas. Uma das principais razões pelas quais o homem bebe é a socialização. Sob o efeito do álcool, as pessoas ficam mais soltas, relaxadas e perdem a inibição na hora de se aproximar dos outros. Esse tipo de uso da bebida é cultural.

Apesar de ser uma droga legal e aceita socialmente, pode causar um grande prejuízo na vida das pessoas. O álcool em doses elevadas faz a pessoa agir de maneira diferente. Ela fica mais impulsiva e faz coisas sem pensar. Para muitos, o álcool também provoca lapsos de memória. Muita gente sofre acidentes, se envolve em brigas, transa sem camisinha, usa outras drogas e não tem muita noção do que se passou. É por essas e outras que, antes de sair bebendo por aí, todo mundo deveria aprender a lidar melhor com o álcool.

Por que a venda de álcool e cigarro é proibida a menores de 18 anos?

Em primeiro lugar, a proibição existe em função de uma lei. Essa lei visa proteger os jovens do consumo de substâncias que, potencialmente, provocam um quadro de dependência. Diversos trabalhos mostram que, quanto mais cedo uma pessoa começa a consumir álcool e cigarro, maiores são as chances de ela se tornar dependente. No Brasil, mesmo com a proibição, o contato com essas substâncias acontece muito precocemente. Jovens de dez ou 11 anos muitas vezes já beberam e fumaram. Cabe a todos (jovens, pais, meios de comunicação, indústrias de cigarros e bebidas, autoridades) pensar um pouco mais a fundo sobre essa questão.

O organismo inteiro fica de ressaca

O álcool atinge principalmente o estômago e o sistema nervoso. Quando uma pessoa exagera na dose, a bebida irrita a mucosa (revestimento interno) do estômago. É por isso que muita gente passa mal: sente enjoo, dores e até vomita. Quando o álcool chega ao cérebro, a pessoa tem uma sensação de relaxamento, fica com os reflexos mais lentos e com o equilíbrio alterado. Alguns chegam a mudar de comportamento: podem ficar mais tristes e deprimidos ou mais agressivos. Outros caem no sono. Se o nível de álcool no organismo for muito alto, há risco de coma e até de parada respiratória, que pode levar à morte.

Quem bebe de estômago vazio, não se alimenta, não toma nenhum outro tipo de líquido e ainda transpira muito pode ter hipoglicemia (falta de açúcar no sangue) e desidratação, que tornam os efeitos do álcool ainda mais fortes.

A longo prazo, o álcool pode levar à dependência e causar doenças como gastrite, úlcera no estômago, hepatite e cirrose. Quem bebe demais também pode ter problemas de impotência.

Estado de alerta

Pessoas que consomem álcool em quantidade ou frequência exageradas e que volta e meia tentam, sem sucesso, diminuir o ritmo ou parar de beber de vez podem estar com problemas. Ressaca, esquecimento, desmaios, visitas ao pronto-socorro depois do consumo de bebida alcoólica também são indícios de dificuldade em lidar com a bebida. Beber e correr riscos desnecessários, como se envolver em acidentes de trânsito e ter atos de violência, é um padrão de comportamento preocupante. Nessas situações, vale a pena bater um papo com um especialista.

Você sabia que... ... filhos ou familiares de quem já foi ou é dependente químico são mais suscetíveis a apresentar o mesmo tipo de problema?

Conheça o seu limite

Tem gente que fica "alta" com a primeira cerveja, enquanto outras podem muito bem tomar umas doses a mais. Isso acontece porque cada pessoa tem uma reação e uma tolerância diferentes ao álcool. Embora a maioria das pessoas tenha certo controle, algumas não podem tomar nem o primeiro gole. Os problemas começam quando o nível de álcool no sangue sobe demais ou aumenta muito rápido. As pessoas precisam aprender a beber e descobrir qual é a sua quantidade ideal de álcool, ou seja, aquela que o seu organismo tolera. O melhor é beber sempre com moderação, para evitar riscos desnecessários, como dirigir embriagado ou terminar a "balada" no pronto-socorro. Sem falar na dependência e em outros problemas de saúde que o álcool pode causar.

Dá para saber se um amigo entrou em coma alcoólico?

Se a pessoa estiver caída ou inconsciente depois de ter bebido, procure socorro médico imediatamente. Ligue para o número de emergência da sua cidade ou procure um pronto-socorro. Muitos ficam com medo da polícia porque a pessoa estava usando essa ou aquela droga. Não coloque a vida da pessoa em risco. A ajuda pode salvá-la. Não deixe de prestar socorro.

Combinação explosiva

O álcool, muitas vezes, é ingerido junto com outras drogas, e essa combinação é sempre perigosa. De forma geral, o álcool potencializa o efeito de outras drogas. A pessoa fica exposta a riscos e o perigo de complicações aumenta. Confusão mental, diminuição dos reflexos, parada respiratória, coma e até a morte podem ser as consequências dessa combinação explosiva. Se a pessoa for beber, deve evitar outras drogas. E, se as estiver utilizando, não deve beber.

É possível beber e se divertir nos fins de semana sem correr muitos riscos?

Sim, é possível. O primeiro ponto é não exagerar na dose. Cada um deve saber até onde pode ir. Duas latas de cerveja ou uma dose de destilado, em geral, não derrubam um adulto. Mas se houver um exagero na dose ou se ela for consumida muito rápido, a pessoa pode ficar "balançada". Quem bebe não deve guiar, mesmo que tenha bebido "só um pouquinho". Sempre há alguém na turma que não bebe e que se dispõe a levar os outros para casa. Transporte público e táxi são outras possibilidades. Cuidado para não se envolver em brigas e discussões, expondo-se a riscos de violência desnecessários.

CAPÍTULO 4

A maconha
e seus mitos

Afinal, a maconha vicia ou não?

Ela pode realmente servir como seu passaporte para outras drogas?

Enquanto as respostas definitivas não vêm, saiba mais sobre outras complicações que a erva pode trazer.

Coisa de momento? Um pessoal está fumando maconha em uma festa e você fica louco de curiosidade de experimentar. Será que fumar um baseado de vez em quando faz mal?

A resposta não é simples. Algumas pessoas que fumam de vez em quando podem não ter problemas de saúde ou alterações de comportamento. Mas outras podem se complicar. É difícil dizer se quem fuma maconha de vez em quando nunca vai ter nenhum tipo de problema. Há pessoas que, depois de fumar um único baseado, podem apresentar uma crise de ansiedade muito forte (mal-estar intenso) ou ter a impressão de que estão sendo perseguidas (sintomas paranoicos). Outras começam fumando esporadicamente e aumentam a frequência sem se dar conta, porque sentem falta das sensações que a maconha produz. Isso pode prejudicar o desempenho na escola, no trabalho e nos relacionamentos.

Os efeitos da "viagem"

Ao fumar maconha, a pessoa fica com os olhos vermelhos, a boca seca e uma fome fora do normal, a famosa "larica". Os batimentos cardíacos também aumentam, o que pode ser perigoso para quem já tem problemas de coração. Algumas pessoas ficam mais tranquilas, riem à toa, enquanto outras ficam nervosas, angustiadas e começam a suar frio. Em geral, quem fuma fica com uma percepção distorcida do tempo e do espaço, tem mais dificuldade em se concentrar e demora mais para responder a alguns estímulos.

Em casos extremos, é possível até que a pessoa tenha delírios e alucinações. Essas alterações podem colocar as pessoas em situações de risco ao dirigir, atravessar a rua, transar sem proteção etc.

Os efeitos da maconha só acontecem quando a pessoa está fumando ou ingerindo a droga. Quem está ao lado pode até sentir um cheiro diferente ou se incomodar com a fumaça, mas dificilmente vai ter alguma outra sensação.

Alguém já morreu por causa de maconha?

Não há registro de que alguém tenha morrido por *overdose* de maconha, como acontece com a heroína e a cocaína. A chance de o THC (princípio ativo da maconha) matar é bastante remota. Muitas pessoas, porém, depois de usar a droga, sofrem acidentes ou se machucam guiando um carro ou executando algum tipo de trabalho que exige concentração.

Você sabia que... ... um dos maiores problemas causados pela maconha está relacionado com a memória? De acordo com pesquisas feitas no Reino Unido, quem fuma maconha está 20% mais propenso a esquecer fatos e situações recentes do que quem nunca usou a droga.

Consumo e dependência

Não dá para afirmar que maconha causa dependência. Os estudos ainda não chegaram a essa conclusão. Dependência é a dificuldade que a pessoa tem para controlar o consumo da droga, a interferência negativa que esse comportamento pode trazer para a sua vida e os sintomas físicos produzidos pela falta da substância no organismo. A maior parte das pessoas que fumam maconha não se sente assim. Mas há quem reclame de dificuldade para dormir, dores, ansiedade e inquietação quando tenta parar de fumar. Outros ainda lutam para conseguir diminuir a frequência com que fumam e sentem fissura, bem como dificuldade de ter esse tipo de controle. Tais sintomas aparecem especialmente em usuários pesados e prolongados, e têm sido identificados como síndrome de abstinência por diversos estudiosos.

Maconha e infertilidade Estudos recentes também demonstraram que a maconha é capaz de reduzir a produção e a mobilidade dos espermatozoides, o que poderia levar o homem à infertilidade (maior dificuldade para engravidar uma mulher). Outros problemas constatados envolvem alterações no fluxo menstrual e diminuição do desejo e da satisfação sexual. Em geral, essas mudanças são revertidas quando a pessoa para de fumar.

Um passaporte para outras drogas

"Começa com maconha, daqui a pouco está viciado em drogas mais pesadas..." Quantas vezes você já ouviu esse comentário? Mas será que um baseado abre mesmo as portas para o mundo das drogas? Na verdade, a maconha não pode ser considerada a porta de entrada para outras drogas. Em geral o primeiro contato dos jovens é com as drogas lícitas: álcool e cigarro. Quem fuma ou bebe está mais propenso a consumir maconha. Mas isso não quer dizer que todo mundo que consome álcool e cigarro vai usar outro tipo de droga. Não há nada na composição da maconha que faça as pessoas buscarem drogas mais fortes. E a maior parte das pessoas que fumam maconha não experimenta outras substâncias. No entanto, alguns especialistas alertam que pessoas que são mais vulneráveis às drogas (por curiosidade ou para fugir das suas dificuldades) podem começar pela maconha, até porque ela está mais presente em nosso meio. Nessa situação, fumar maconha pode indicar um fator de risco para o contato com outras drogas.

A hora da verdade

Muita gente acha que, além da questão legal, não há nada de errado em fumar um baseado de vez em quando. Mas o que fazer quando o pai acha maconha na mochila do filho, ou a mãe pega a filha fumando escondida no quarto? Tanto para os pais quanto para os filhos o melhor a fazer é ter uma boa conversa. Em geral, os pais ficam chocados quando descobrem que o filho está usando maconha. E os filhos acham um exagero a reação dos pais. De fato, o uso regular da maconha pode trazer alguns prejuízos sociais (rendimento, memória, concentração etc.) e riscos para a saúde. Isso preocupa os pais. Eles têm medo do que pode acontecer no futuro com o filho e de que ele se envolva com drogas mais pesadas. O diálogo abre as portas para discutir o assunto e torna a negociação mais fácil.

No entanto, falar sobre drogas com os pais nem sempre é a coisa mais simples do mundo. Se a família não tem esse hábito, uma boa ideia é deixar a poeira baixar e todos se acalmarem para finalmente tocar no assunto. Uma alternativa é procurar um profissional, como um psicólogo, para dar uma orientação que possa esclarecer os pais e os filhos sobre os diferentes padrões de consumo de drogas.

Conversar é o primeiro passo

Às vezes os pais ficam tão preocupados que até pensam em internar o filho que está fumando maconha. Essa visão equivocada de que todo mundo que fuma maconha ou usa drogas precisa ser internado é muito comum na geração dos pais. Como já foi dito, conversar com eles sobre o assunto é fundamental, e a orientação de um psicólogo ou psiquiatra pode ser muito útil. Se o profissional achar que a pessoa não precisa ser internada, ele não tomará essa atitude. Aliás, hoje a internação é reservada apenas para os casos graves de dependência. A maioria dos acompanhamentos é feita nos consultórios ou nos ambulatórios, com visitas ao psicólogo e ao médico, e a pessoa mantendo sua rotina normal.

CAPÍTULO 5

Outras drogas
"Viagens" diferentes

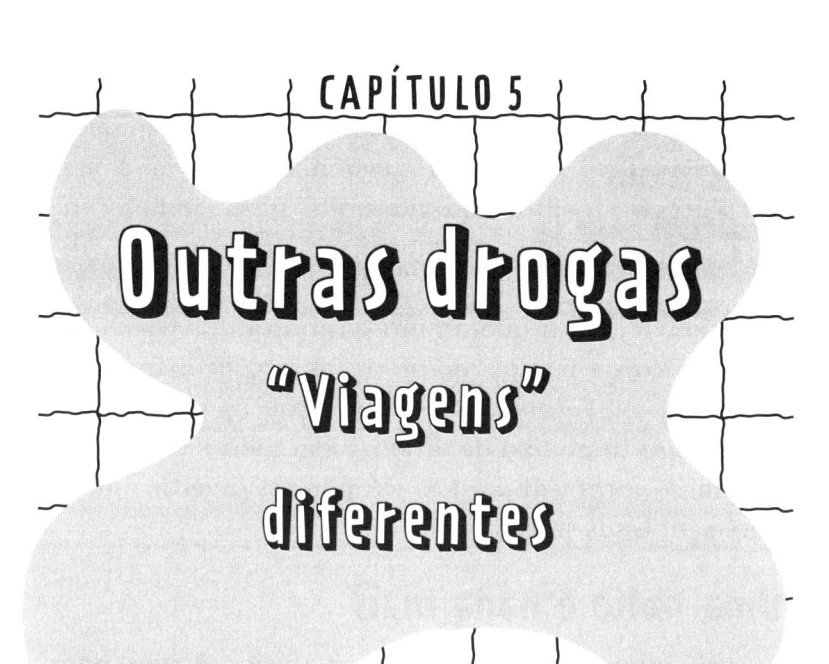

Ecstasy, lança-perfume, cocaína, *crack*, calmantes, substâncias injetáveis e até remédios para emagrecer.

Conheça os riscos de outras drogas que fazem parte da vida dos jovens.

A moda das "club drugs"

Com a popularização do *ecstasy* a partir da década de 1990, uma série de outras substâncias passou a ser utilizada na noite para embalar a festa dos jovens. Além dele, o GHB (ácido gama-hidroxibutírico), as anfetaminas, o *ice* e a quetamina ganharam as pistas de dança. Mais energia, maior sintonia com a música, sensações mais intensas e euforia são as motivações para o uso desse tipo de droga. Nem todo mundo que frequenta *raves* usa drogas. Dá para se divertir muito bem sem essas substâncias.

Uma noite e nada mais

A maior parte das pessoas que usa o *ecstasy* não enfrenta problemas graves de saúde. Mas há riscos! Os maiores são o aumento da frequência dos batimentos cardíacos, a elevação da temperatura do corpo (que pode chegar a mais de 40 graus) e o excesso de transpiração. A perda de água e de outros sais minerais indispensáveis ao organismo aumenta os riscos de desidratação. Quem é mais sensível à droga pode sofrer crises de ansiedade, alucinações e ficar com a capacidade de avaliar a realidade prejudicada, o que pode colocar a pessoa em situações de risco. Há relatos de morte após o consumo de um único comprimido de *ecstasy*. Temperatura elevada, combinada com desidratação, é a alteração que mais causa complicações de saúde e risco de morte.

Quem usa *ecstasy* frequentemente também pode ter sintomas depressivos e ter mais dificuldades de recordar fatos mais antigos. De acordo com uma pesquisa feita no Reino Unido, quem consome essa droga estaria 23% mais propenso ao esquecimento do que quem nunca experimentou.

Como o *ecstasy* tem sido produzido em laboratórios caseiros, fica difícil garantir a qualidade do produto. Podem ocorrer, por exemplo, erros de dosagem no processo de fabricação.

Você sabia que... ... o *ecstasy* foi criado em 1914, em um laboratório alemão, para servir de moderador de apetite? Só em 1985 é que pesquisadores descobriram que a droga pode causar danos à saúde, sendo proibida para uso médico.

Folia perigosa

O lança-perfume apareceu no começo do século XX como uma diversão "inocente" nos bailes de carnaval. Os efeitos provocados por esse e outros tipos de solvente são muito rápidos: bastam alguns segundos para a pessoa ficar eufórica. Como efeitos indesejados, a pessoa pode perder o equilíbrio, ter náuseas e até alucinações de sons e imagens. Quem cheira lança-perfume pode ficar pálido, com a fala lenta e a visão embaçada.

Embora a maior parte das pessoas não sofra grandes problemas quando experimenta essa droga, algumas correm risco, mesmo que eventualmente já tenham aspirado inalante numa festa ou no carnaval. Dependendo da substância, da concentração de seus componentes, da quantidade de droga consumida e da sensibilidade da pessoa, o risco pode ser ainda maior.

Os inalantes passam rapidamente do pulmão para a circulação, o que pode provocar um efeito rápido no cérebro e no coração. Podem ocorrer convulsão e parada cardíaca.

Após a fase de euforia, a pessoa fica confusa, desorientada e pode sair por aí fazendo coisas que geralmente não faria, como dirigir em alta velocidade, envolver-se em brigas ou transar sem camisinha.

Como o lança-perfume é ilegal no Brasil desde a década de 1960, fica muito difícil controlar o tipo de substância que existe em cada frasco. Sem nenhum controle ou legislação sobre o produto, é bem possível que ele contenha substâncias desconhecidas, que podem representar um perigo ainda maior para quem o inala.

Por que a cocaína provoca tristeza por alguns dias?

A cocaína é uma droga estimulante do sistema nervoso central. Ela faz o cérebro funcionar de forma mais acelerada e, para isso, gasta mais rápido os neurotransmissores, que são o combustível do cérebro. Quando a gasolina do seu carro acaba, você vai até o posto e manda encher o tanque novamente, não é? O problema é que o seu cérebro não pode ser "recarregado" dessa forma. O organismo tem de amargar um período de um a três dias para que o nível do combustível volte ao normal. Os sintomas desse período são: desânimo, falta de pique, tristeza, vontade de chorar. Esses sintomas tendem a passar e não voltam comumente. Se voltarem, o melhor é procurar um psiquiatra para entender o que está acontecendo. Será que alguns minutos de prazer compensam esse sofrimento?

O uso da cocaína provoca alterações frequentes na circulação do cérebro. Estudos mostram que essas alterações atingem até 90% das pessoas que usam a droga. Nos anos 1980, pesquisadores começaram a investigá-la depois do alto número de infartos e derrames em jovens que usavam a droga.

Uma seringa, muitos riscos

Muitas pessoas que querem experimentar drogas injetáveis, como a cocaína e a heroína, se esquecem de que essas injeções podem causar problemas. Para começar, há risco de infecção no local da aplicação. A infecção pode chegar ao coração, e as consequências podem se tornar mais sérias.

Outro perigo é compartilhar a seringa com mais usuários ou utilizar sempre a mesma seringa. Além dos problemas causados pela droga, as pessoas correm o risco de se contaminar com o vírus da Aids ou adquirir outras doenças, como a hepatite e a sífilis. Seringas de vidro ou plásticas, mesmo lavadas ou fervidas, não são garantia de segurança. Quem usa drogas injetáveis deve utilizar sempre seringas descartáveis. Os postos de saúde costumam fornecê-las. Quem vai até esses postos para obtê-las estabelece um vínculo positivo com o serviço de saúde e tem mais chance de vir a procurar tratamento para dependência no futuro.

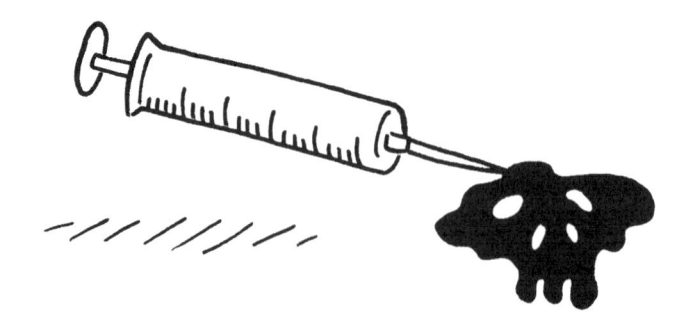

Você sabia que... ... o *crack* é uma das drogas que criam mais dependência? Na verdade, o *crack* é uma das formas de apresentação da cocaína. O pó é transformado em uma "pedra", que é fumada em cachimbos improvisados. Uma única experiência já é capaz de tornar a pessoa dependente dessa substância. Ela cai direto na circulação do pulmão e provoca um efeito intenso no corpo.

As consequências do uso inadequado

Remédio é uma coisa, droga é outra. Quando o médico prescreve algum tipo de medicamento, ele sabe exatamente o porquê da sua indicação. Os remédios foram feitos para resolver problemas de saúde. Porém muitas pessoas fazem uso de medicamentos para "sentir um barato", esquecendo-se dos riscos e dos efeitos colaterais. Os calmantes e as anfetaminas (remédios para emagrecer), por exemplo, quando ingeridos por um período prolongado ou em doses excessivas, podem causar dependência. Para o medicamento continuar a fazer efeito, as pessoas precisam de doses cada vez mais elevadas e podem até passar mal se deixarem de consumi-lo. Podem apresentar sintomas como ansiedade, inquietação, tontura, tremedeira e dor de cabeça. Felizmente, essa dependência pode ser tratada. O uso do remédio não é interrompido de uma só vez, mas gradualmente, até que a pessoa não precise mais usá-lo.

> Os calmantes (ou ansiolíticos) reduzem a atividade do cérebro, diminuindo a ansiedade. Por isso, a pessoa pode ter dificuldade de concentração e não render tanto na escola ou no trabalho.

Não existe remédio para um dia de tristeza

Tem gente que só porque vai mal numa prova ou briga com o namorado acha que precisa tomar antidepressivo. Esse tipo de remédio é usado no tratamento da depressão, de distúrbios alimentares (bulimia e anorexia) e em casos de ansiedade, ou seja, para tratar doenças reais. Como os calmantes e as anfetaminas, os antidepressivos são vendidos apenas com prescrição médica e só depois de 15 dias é que começam a fazer efeito. Ninguém melhora de um dia para o outro.

CAPÍTULO 6

Drogas e sexo
Uma dupla nada dinâmica

> Muita gente bebe ou usa algun tipo de droga para tentar turbinar a transa.
>
> Mas você sabia que, na hora H, o efeito pode ser exatamente o contrário?

O resultado pode ser pior!

Ao contrário do que se imagina, em vez de "turbinar" o sexo, as drogas podem trazer dificuldades nesse campo. Veja:

- Quem bebe muito pode falhar na hora H.
- Quem usa maconha pode ter mais dificuldade para chegar ao orgasmo e à ejaculação.
- O consumo regular de bebida alcoólica pode ser tóxico para os nervos do pênis, provocando dificuldades de ereção.
- O uso prolongado da maconha parece diminuir a produção de espermatozoides, além de interferir no desejo sexual.
- Os anabolizantes também podem prejudicar o mecanismo de ereção e a fertilidade.
- Quem usa cocaína e anfetaminas por muito tempo pode sentir menos desejo sexual.

Embarcando numa canoa furada

Muitos garotos acham que quem bebe ou fuma pode se dar melhor com as mulheres. Será que, na hora da conquista, o álcool ou a maconha são tão vitais assim? Não necessariamente! Apesar de deixarem algumas pessoas mais desinibidas em um eventual encontro, o que se observa, na prática, é que, se exagerarem na dose, o interesse dará lugar à sonolência, à lentidão e à introspecção, que tornam a aproximação mais difícil e o desempenho menos satisfatório. As drogas também podem prejudicar a capacidade de julgamento. Com isso, muita gente acaba ficando com pessoas com as quais não ficaria de maneira alguma em uma situação normal. Será que isso pode ser considerado "se dar bem"? Quem usa drogas também se expõe mais a comportamentos de risco, como, por exemplo, transar sem camisinha.

Meu namorado usa drogas. Como lidar com a situação?

Nem sempre quem a gente namora faz aquilo que a gente gosta ou acredita. É comum em uma relação os parceiros terem pontos de vista distintos, até mesmo no que diz respeito às drogas. Se o seu namorado está usando droga e você não aprova esse comportamento, não tome atitudes radicais, como terminar a relação, por exemplo, nem finja que nada está acontecendo. Uma conversa franca para você se posicionar é muito importante. É necessário saber se ele quer ajuda, se ele sabe os riscos que está correndo e qual o seu padrão de consumo. Em casos mais extremos, ele pode necessitar do apoio de um especialista.

CAPÍTULO 7

Formas de tratamento

Querer tratar-se é o primeiro passo para se livrar da dependência.

Mas será que demora muito? E se a pessoa tiver recaída? Qual deve ser a posição da família?

Veja mais aqui.

Para cada caso, uma solução

Não existe um tratamento único para o usuário de drogas. As possibilidades variam de acordo com o padrão de uso do dependente, do tipo da droga consumida e do impacto que ela está provocando na vida da pessoa. Hoje, em geral, o que se procura é manter o usuário em suas atividades habituais.

Parte do seu tempo, porém, deve ser reservada para o tratamento, que pode combinar terapia ou aconselhamento com o uso de remédios para aliviar a ansiedade, a depressão, a "fissura" pela droga e, ainda, diminuir os sintomas da abstinência (sensações desagradáveis provocadas pela falta da droga no corpo). A coordenação do tratamento é feita, em geral, por um psiquiatra.

A internação, que muitos usuários temem, é um recurso reservado para as situações mais complicadas e quando todas as outras alternativas se esgotaram. O ideal é manter o indivíduo inserido em seu meio social (desde que isso seja possível), para que ele mesmo possa tomar suas decisões.

Quero me tratar

Assim como ninguém se torna dependente do dia para a noite, a recuperação não ocorre instantaneamente. A pessoa que busca o tratamento precisa ter muita paciência e esperança de pouco a pouco conseguir reverter a situação:

1.ª etapa: A pessoa deve se conscientizar de que o problema existe. O tratamento avança muito mais quando o paciente colabora e deseja realmente se livrar da sua dependência.

2.ª etapa: O dependente precisa tentar entender o impacto que a droga está provocando em sua vida. Por exemplo, muitos jovens que passam a fumar maconha diariamente não percebem as mudanças de comportamento que podem ter em relação à escola, ao trabalho, à família e até ao seu namoro. Lentidão, dificuldade de memorização, falta de atenção, falta de pique para realizar atividades prazerosas e isolamento podem ser alguns dos comprometimentos.

3.ª etapa: Procurar um especialista, que é a pessoa mais indicada para ajudar a pessoa a entender as causas que a levaram a experimentar a droga e a mudar o seu padrão de consumo. Dificuldades pessoais, problemas de relacionamento, curiosidade, dificuldade de se adaptar a novas situações, pressão do grupo, todos esses fatores podem ter contribuído para a pessoa agir assim.

> O tratamento deve ser programado para durar algum tempo. Hoje, sabe-se que uma terapia prolongada amplia as chances de sucesso e diminui a possibilidade de uma recaída.

Aliados dentro de casa

A família pode ter um peso importante na busca de tratamento. O diálogo permite ao usuário entender que está com problemas e que pode estar precisando de ajuda. Na prática, o que se vê é que é muito melhor tentar discutir e mostrar o que pode ser feito do que acusar, brigar ou impor uma internação.

A participação dos pais e irmãos é fundamental para a recuperação do dependente, pois os motivos que levam uma pessoa a usar droga talvez sejam mais bem entendidos dentro de casa. Assim, se a pessoa quer mesmo parar, não adianta esconder que usa droga e que está enfrentando problemas com isso. Em vez de inimiga, a família deve se tornar sua aliada. É claro que nem todos os pais reagem da mesma forma. Se eles não souberem lidar com o assunto, uma boa saída é contar com a orientação de um profissional.

Por que algumas pessoas têm recaídas durante o tratamento?

A recuperação é um processo demorado, e as recaídas, que são comuns, não devem ser vistas como uma falha total do processo. Superando cada recaída, a pessoa vai adquirindo mais força para se tratar. Afinal, todo mundo erra quando está aprendendo alguma coisa nova, e abandonar um hábito é sempre complicado.

Às vezes, mesmo contando com o apoio da família e com acompanhamento médico, a pessoa volta a fumar, a beber ou a usar algum outro tipo de droga. Basta se sentir frustrada, deprimida ou brigar com alguém que volta a usar "só um pouquinho" da droga para ficar mais aliviada. Ou então simplesmente porque é difícil resistir em certas situações – como em uma festa onde todo mundo está bebendo, por exemplo.

O dependente se engana ao pensar que um simples trago ou um simples gole não vão fazer mal, ou ao prometer para si mesmo que aquela será a última vez. Durante o tratamento, muita gente vê essa escapadela como uma recompensa pelo esforço que tem feito. Agindo assim, a pessoa pode continuar dependente.

Gente igual a gente Além dos tratamentos convencionais, conduzidos por médicos e psicólogos, a pessoa pode se sentir mais amparada se contar com o apoio de um grupo de autoajuda, como os Alcoólicos Anônimos ou os Narcóticos Anônimos. São grupos que trabalham com pessoas em diversos estágios de tratamento para a dependência. Um dos princípios desses grupos é que quem já passou por fases mais críticas pode ajudar quem está iniciando o tratamento e vice-versa.

Muitas vezes, a família é chamada a participar do tratamento, o que pode ocorrer em diversos momentos (sessões em grupo, aconselhamento etc.). Esse apoio também é decisivo para que o processo seja bem-sucedido e a fase crítica seja definitivamente superada.

Mesmo que o dependente em tratamento "caia em tentação" mais uma vez, a recaída não pode ser vista como uma derrota, mas como algo a ser superado no processo de recuperação. É por isso que a participação da família é tão importante.

Onde buscar ajuda e informações?

- **Grea** (Grupo Interdisciplinar de Estudos de Álcool e Drogas)
  Rua Dr. Ovídio Pires de Campos, 785 – 3º andar – São Paulo/SP
  Tel.: (11) 2661-6960
  www.grea.org.br

- **Uniad** (Unidade de Pesquisa em Álcool e Drogas)
  Rua Botucatu, 394
  Vila Clementino – São Paulo/SP
  Tel.: (11) 5575-1708
  www.uniad.org.br

- **Proad** (Programa de Orientação e Atendimento a Dependentes/Unifesp – Universidade Federal de São Paulo)
  Atende adolescentes de 12 a 19 anos
  Rua dos Ottonis, 887
  Vila Clementino – São Paulo/SP
  Tel./Fax: (11) 5576-4990
  www.proad.unifesp.br

- **Alcoólicos Anônimos** (AA)
  Av. Senador Queirós, 101
  2º andar – cj 205 – Centro
  São Paulo/SP
  Tel./Fax: (11) 3229-3611
  www.alcoolicosanonimos.org.br

- **Narcóticos Anônimos** (NA)
  Rua Sampaio Vidal, 1.055
  Pinheiros – São Paulo/SP
  Tel.: (11) 3101-9626
  www.na.org.br

- **Hospital Israelita Albert Einstein**
  www.einstein.br/alcooledrogas

CAPÍTULO 8

Que drogas são essas?

> Efedrina, GHB, anticolinérgico, *ice*...
>
> Afinal, que substâncias são essas?
>
> Conheça a origem, as consequências e os perigos de todos os tipos de drogas.

1 Álcool

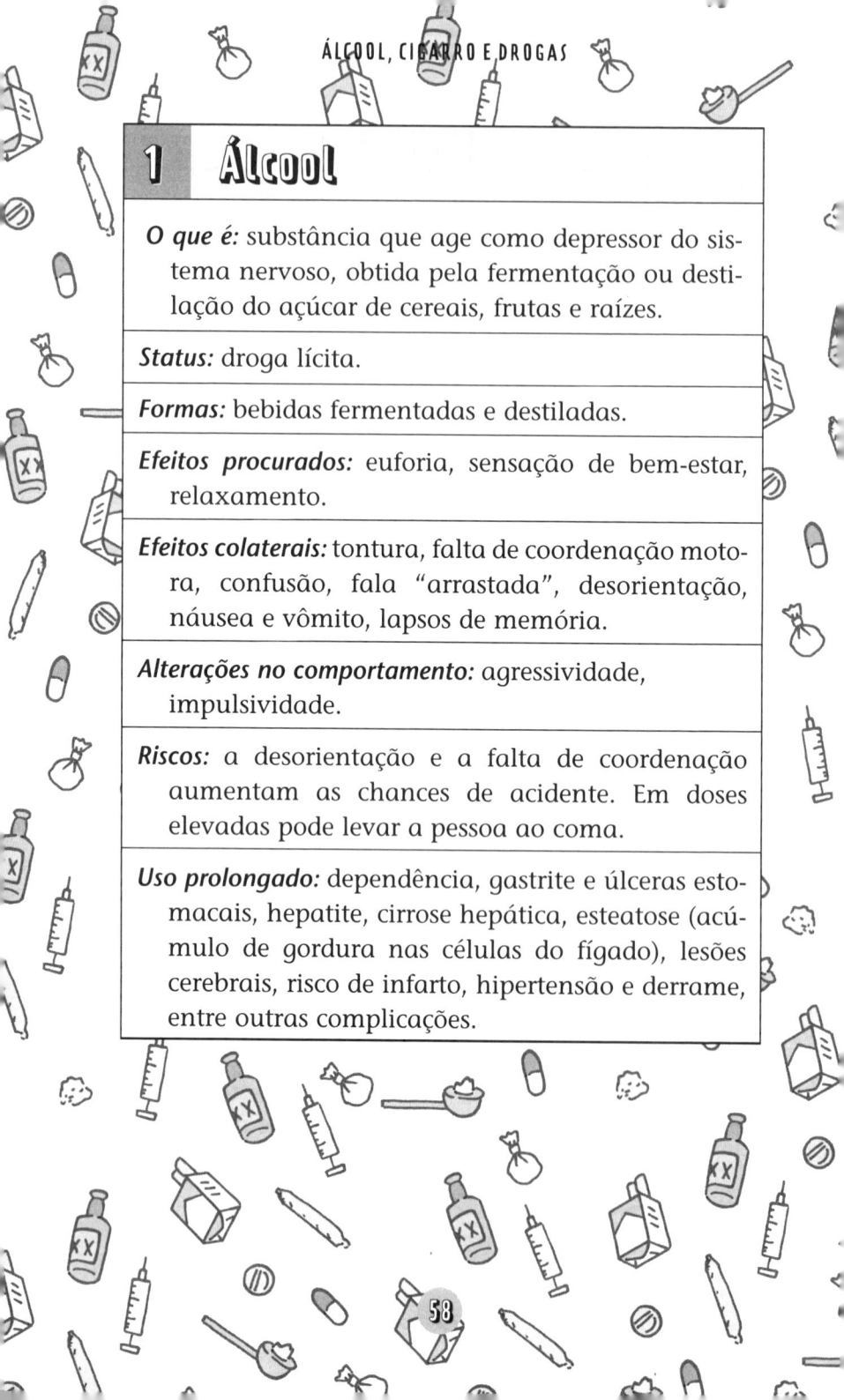

O que é: substância que age como depressor do sistema nervoso, obtida pela fermentação ou destilação do açúcar de cereais, frutas e raízes.

Status: droga lícita.

Formas: bebidas fermentadas e destiladas.

Efeitos procurados: euforia, sensação de bem-estar, relaxamento.

Efeitos colaterais: tontura, falta de coordenação motora, confusão, fala "arrastada", desorientação, náusea e vômito, lapsos de memória.

Alterações no comportamento: agressividade, impulsividade.

Riscos: a desorientação e a falta de coordenação aumentam as chances de acidente. Em doses elevadas pode levar a pessoa ao coma.

Uso prolongado: dependência, gastrite e úlceras estomacais, hepatite, cirrose hepática, esteatose (acúmulo de gordura nas células do fígado), lesões cerebrais, risco de infarto, hipertensão e derrame, entre outras complicações.

2 Anabolizantes

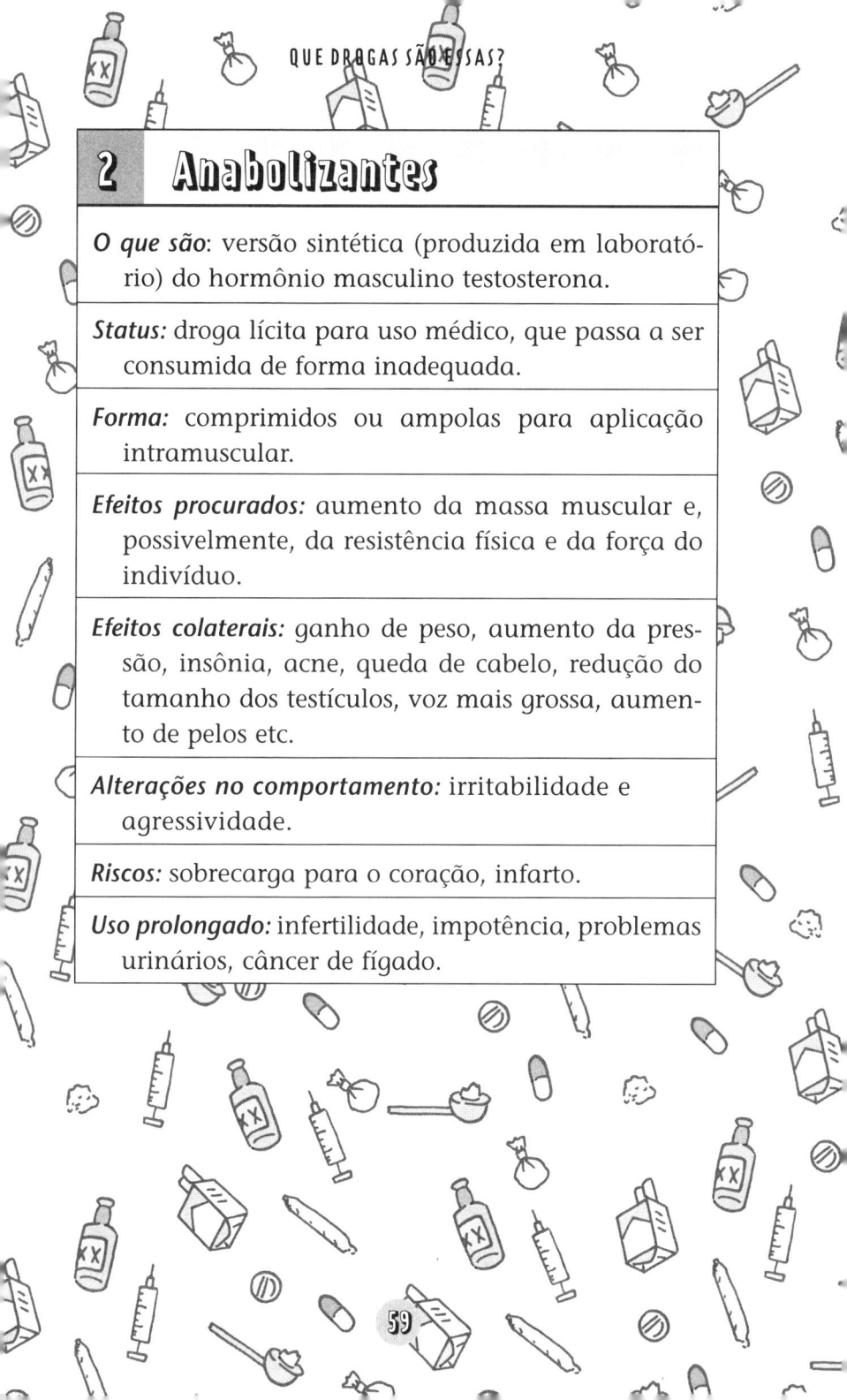

O que são: versão sintética (produzida em laboratório) do hormônio masculino testosterona.

Status: droga lícita para uso médico, que passa a ser consumida de forma inadequada.

Forma: comprimidos ou ampolas para aplicação intramuscular.

Efeitos procurados: aumento da massa muscular e, possivelmente, da resistência física e da força do indivíduo.

Efeitos colaterais: ganho de peso, aumento da pressão, insônia, acne, queda de cabelo, redução do tamanho dos testículos, voz mais grossa, aumento de pelos etc.

Alterações no comportamento: irritabilidade e agressividade.

Riscos: sobrecarga para o coração, infarto.

Uso prolongado: infertilidade, impotência, problemas urinários, câncer de fígado.

3 Anfetaminas

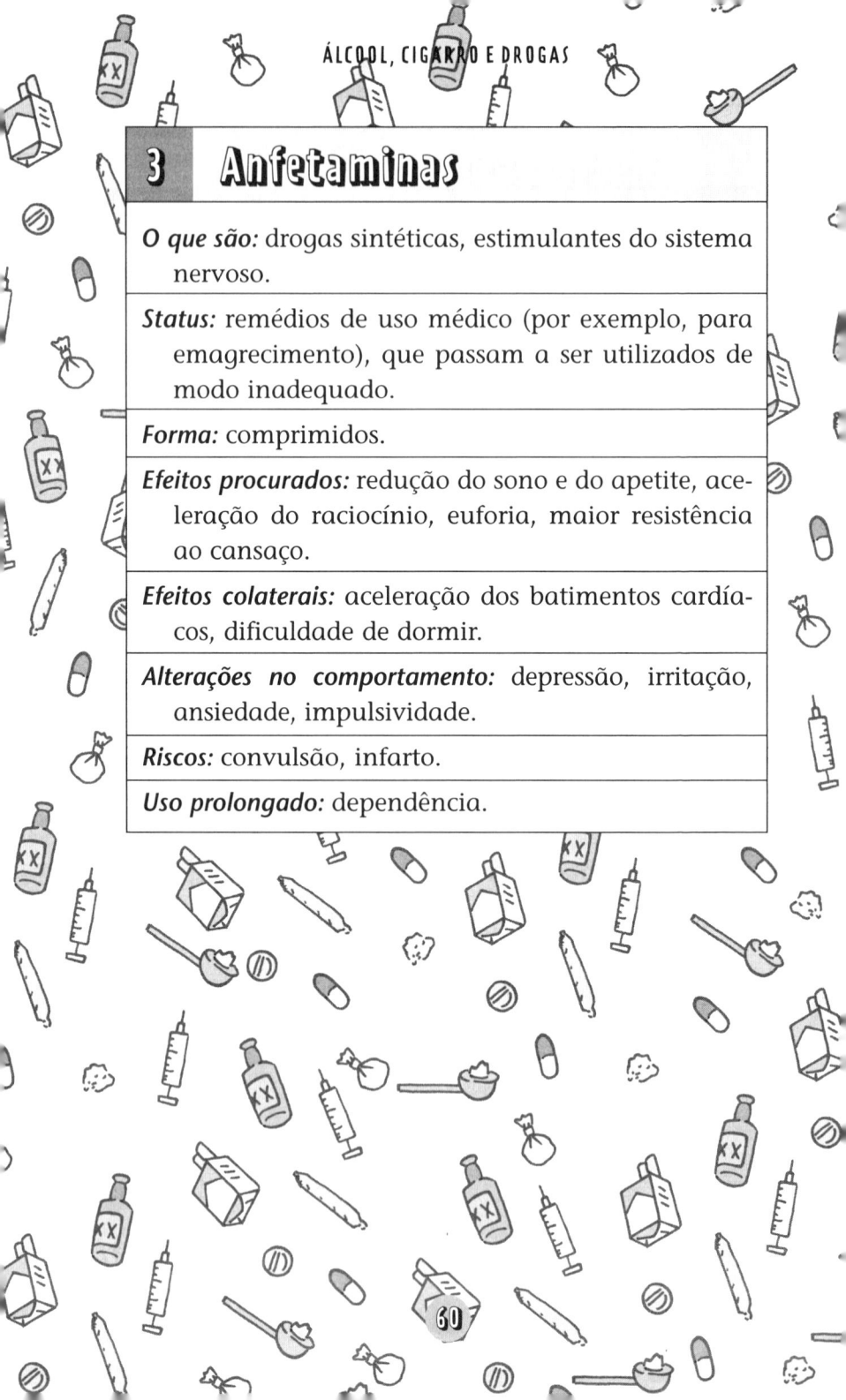

O que são: drogas sintéticas, estimulantes do sistema nervoso.

Status: remédios de uso médico (por exemplo, para emagrecimento), que passam a ser utilizados de modo inadequado.

Forma: comprimidos.

Efeitos procurados: redução do sono e do apetite, aceleração do raciocínio, euforia, maior resistência ao cansaço.

Efeitos colaterais: aceleração dos batimentos cardíacos, dificuldade de dormir.

Alterações no comportamento: depressão, irritação, ansiedade, impulsividade.

Riscos: convulsão, infarto.

Uso prolongado: dependência.

4. Anticolinérgicos (chá de lírio)

O que são: alucinógenos. Podem ser naturais, como os encontrados em plantas (lírio, mandrágora e beladona), ou sintéticos, encontrados em medicamentos para mal de Parkinson e cólicas estomacais.

Status: drogas ilegais e drogas lícitas para uso médico, usadas de forma indevida.

Forma: chá feito com as plantas ou comprimidos (no caso de medicamento).

Efeitos procurados: alterações de sensação e percepção.

Efeitos colaterais: dilatação das pupilas, boca seca, aumento dos batimentos cardíacos e da pressão arterial. Percepção distorcida do tempo e do espaço, ilusões visuais e auditivas, sensação de mal-estar.

Alterações no comportamento: instabilidade, mania de perseguição, ansiedade.

Riscos: sensação de medo e perda do controle, que pode levar ao pânico, aumentando as chances de acidentes. Elevação da temperatura do corpo (hipertermia), risco de convulsões e até de morte.

Uso prolongado: pode provocar quadros psicóticos (perda do contato com a realidade) ou crises em quem já sofre de doenças psiquiátricas, como a esquizofrenia.

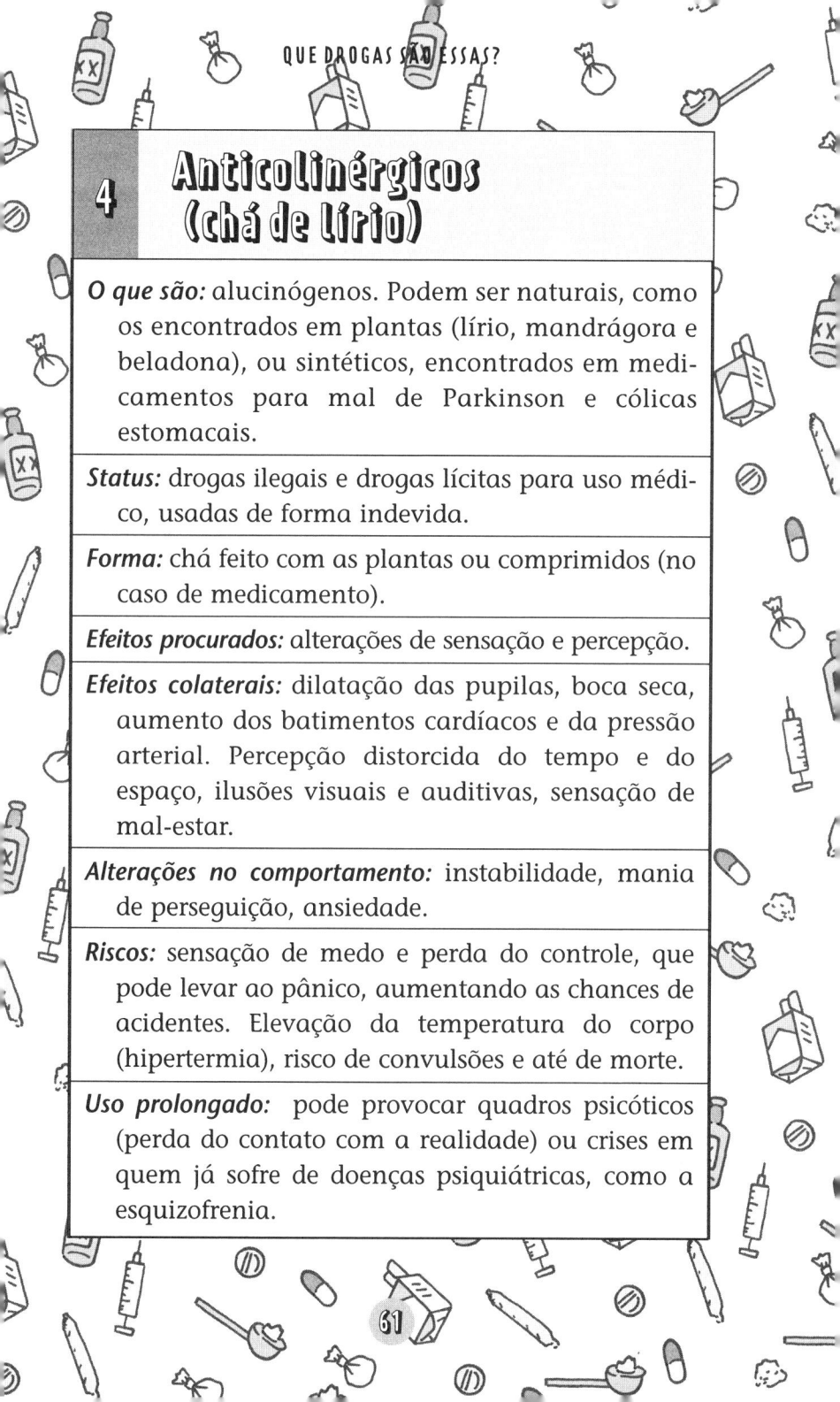

5 Ayahuasca (DMT) ou chá do Santo Daime

O que é: dimetiltriptamina (DMT), um poderoso alucinógeno natural, análogo ao LSD.

Status: ilegal, exceto para rituais religiosos estabelecidos.

Forma: chá preparado com folhas de chacrona (que contém o DMT) e talos do cipó de caapi, que intensifica a ação alucinógena.

Efeitos procurados: seitas religiosas (como o Santo Daime) acreditam que o chá proporciona contato com outros planos espirituais. Aceleração do pensamento, alucinações visuais, auditivas e táteis, bem semelhantes aos efeitos produzidos pelo LSD.

Efeitos colaterais: sensação de medo e perda do controle, pânico, vômito e diarreia.

Riscos: o chá pode provocar quadros psicóticos, impedindo que a pessoa consiga distinguir a realidade da fantasia e levando-a a se colocar em situações perigosas durante o delírio.

Uso prolongado: geralmente a pessoa não desenvolve tolerância ao chá nem dependência; também não sofre síndrome de abstinência.

6 Cocaína

O que é: substância estimulante feita a partir de uma planta conhecida como coca, modificada em laboratório.

Status: droga ilegal.

Forma: pó que é aspirado ou injetado (dissolvido em água), pedra (*crack*) ou pasta (merla), que é fumada em "cachimbos".

Efeitos procurados: prazer, euforia, energia, diminuição do cansaço.

Efeitos colaterais: aceleração dos batimentos cardíacos, aumento da temperatura, crises de ansiedade.

Alterações no comportamento: agressividade, delírios, irritação, depressão.

Riscos: desejo de repetir o uso para obter os efeitos desejados, com aumento de doses para conseguir efeitos ainda mais intensos. Risco de *overdose*, que pode provocar convulsão e parada cardíaca.

Uso prolongado: dependência, agressividade, problemas cardíacos, alterações no sistema nervoso, sangramento nasal.

7 Cogumelos (chá de cogumelo)

O que são: cogumelos dos gêneros *Psilocibe*, *Panaeolus*, *Copelandia* e *Amanita*, que têm ação alucinógena.

Status: droga ilegal.

Forma: chá preparado com um desses tipos de cogumelo.

Efeitos procurados: aceleração do pensamento, alucinações visuais, auditivas e táteis. Os efeitos são semelhantes aos do LSD, porém de duração mais curta.

Efeitos colaterais: pensamento desorganizado, dificuldade de concentração, fases que vão da euforia ao mal-estar, tristeza e medo. Os cogumelos do gênero *Amanita* podem causar ânsia e vômito.

Alterações no comportamento: oscilações de humor, mania de perseguição.

Riscos: envenenamento pela identificação incorreta dos cogumelos e erro nas doses. *Bad trips* (viagens ruins) de medo e paranoia. As interpretações fantasiosas da realidade aumentam as chances de acidente.

Uso prolongado: pode provocar quadros psicóticos em pessoas com tendência a desenvolver essas doenças.

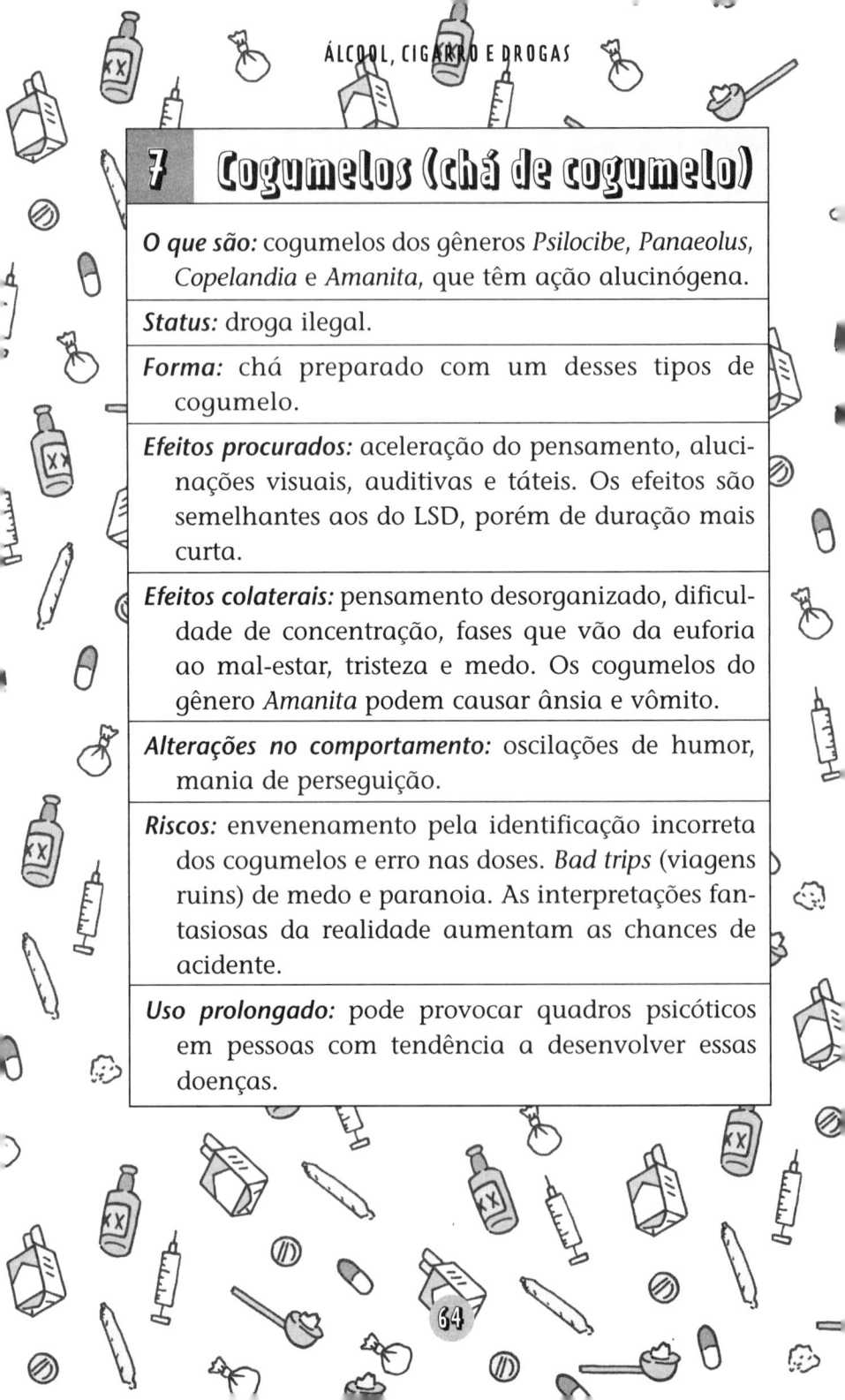

8 Ecstasy

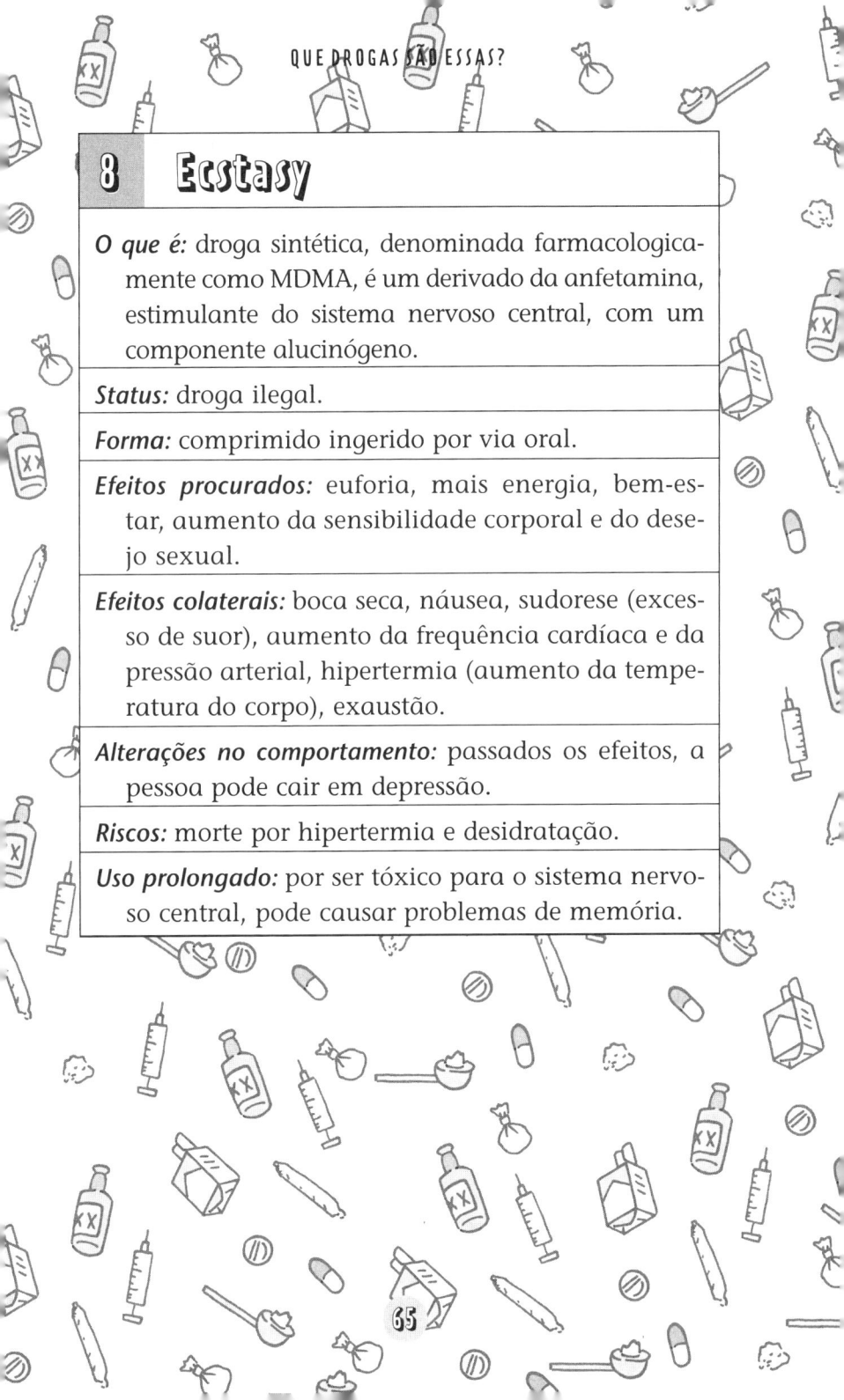

O que é: droga sintética, denominada farmacologicamente como MDMA, é um derivado da anfetamina, estimulante do sistema nervoso central, com um componente alucinógeno.

Status: droga ilegal.

Forma: comprimido ingerido por via oral.

Efeitos procurados: euforia, mais energia, bem-estar, aumento da sensibilidade corporal e do desejo sexual.

Efeitos colaterais: boca seca, náusea, sudorese (excesso de suor), aumento da frequência cardíaca e da pressão arterial, hipertermia (aumento da temperatura do corpo), exaustão.

Alterações no comportamento: passados os efeitos, a pessoa pode cair em depressão.

Riscos: morte por hipertermia e desidratação.

Uso prolongado: por ser tóxico para o sistema nervoso central, pode causar problemas de memória.

9 Efedrina

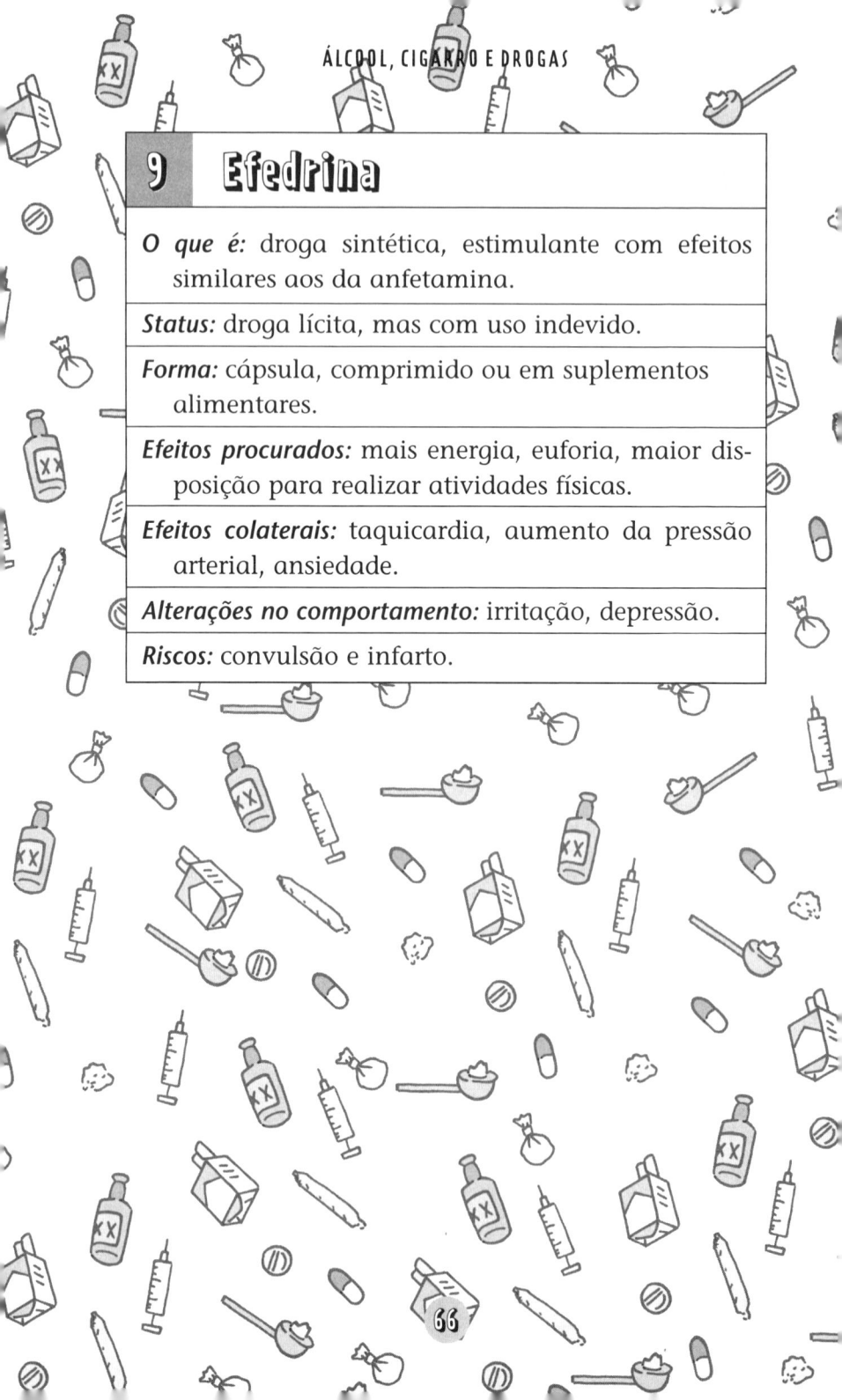

O que é: droga sintética, estimulante com efeitos similares aos da anfetamina.

Status: droga lícita, mas com uso indevido.

Forma: cápsula, comprimido ou em suplementos alimentares.

Efeitos procurados: mais energia, euforia, maior disposição para realizar atividades físicas.

Efeitos colaterais: taquicardia, aumento da pressão arterial, ansiedade.

Alterações no comportamento: irritação, depressão.

Riscos: convulsão e infarto.

10 GHB (ácido gama-hidroxibutírico)

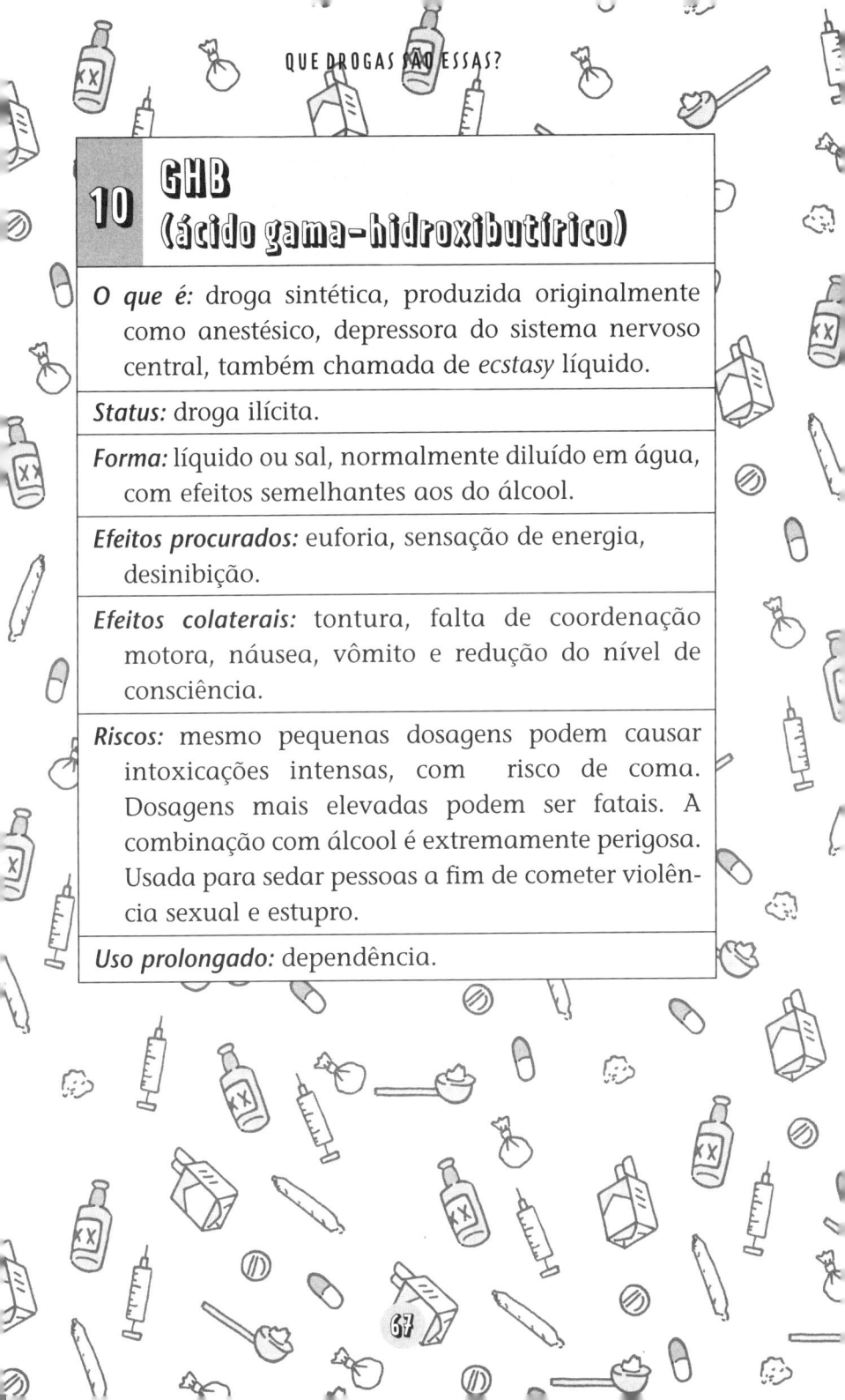

O que é: droga sintética, produzida originalmente como anestésico, depressora do sistema nervoso central, também chamada de *ecstasy* líquido.

Status: droga ilícita.

Forma: líquido ou sal, normalmente diluído em água, com efeitos semelhantes aos do álcool.

Efeitos procurados: euforia, sensação de energia, desinibição.

Efeitos colaterais: tontura, falta de coordenação motora, náusea, vômito e redução do nível de consciência.

Riscos: mesmo pequenas dosagens podem causar intoxicações intensas, com risco de coma. Dosagens mais elevadas podem ser fatais. A combinação com álcool é extremamente perigosa. Usada para sedar pessoas a fim de cometer violência sexual e estupro.

Uso prolongado: dependência.

11 Heroína e outros derivados do ópio

O que são: podem ser naturais, como o líquido extraído da papoula (que contém a morfina), semissintéticos, como a heroína, produzida em laboratório a partir da molécula da morfina, e totalmente sintéticos, usados como anestésicos na medicina.

Status: drogas ilegais e drogas lícitas para uso médico, como a meperidina e a morfina, utilizadas de forma inadequada.

Formas: a heroína é um pó nas cores branca ou marrom, também conhecida como *brown sugar* (açúcar marrom), que pode ser cheirada, fumada ou injetada. Os sintéticos aparecem na forma de comprimidos ou ampolas.

Efeitos procurados: alívio da dor, indução do sono, sensação de prazer, bem-estar e euforia.

Efeitos colaterais: mal-estar psíquico, sonolência excessiva, náusea, vômito.

Alterações no comportamento: irritabilidade, tristeza.

Riscos: depressão respiratória, convulsões. Em excesso, pode provocar *overdose*, coma e até mesmo a morte.

Uso prolongado: dependência e risco de infecção pelo HIV por compartilhamento de seringas.

12 Ice

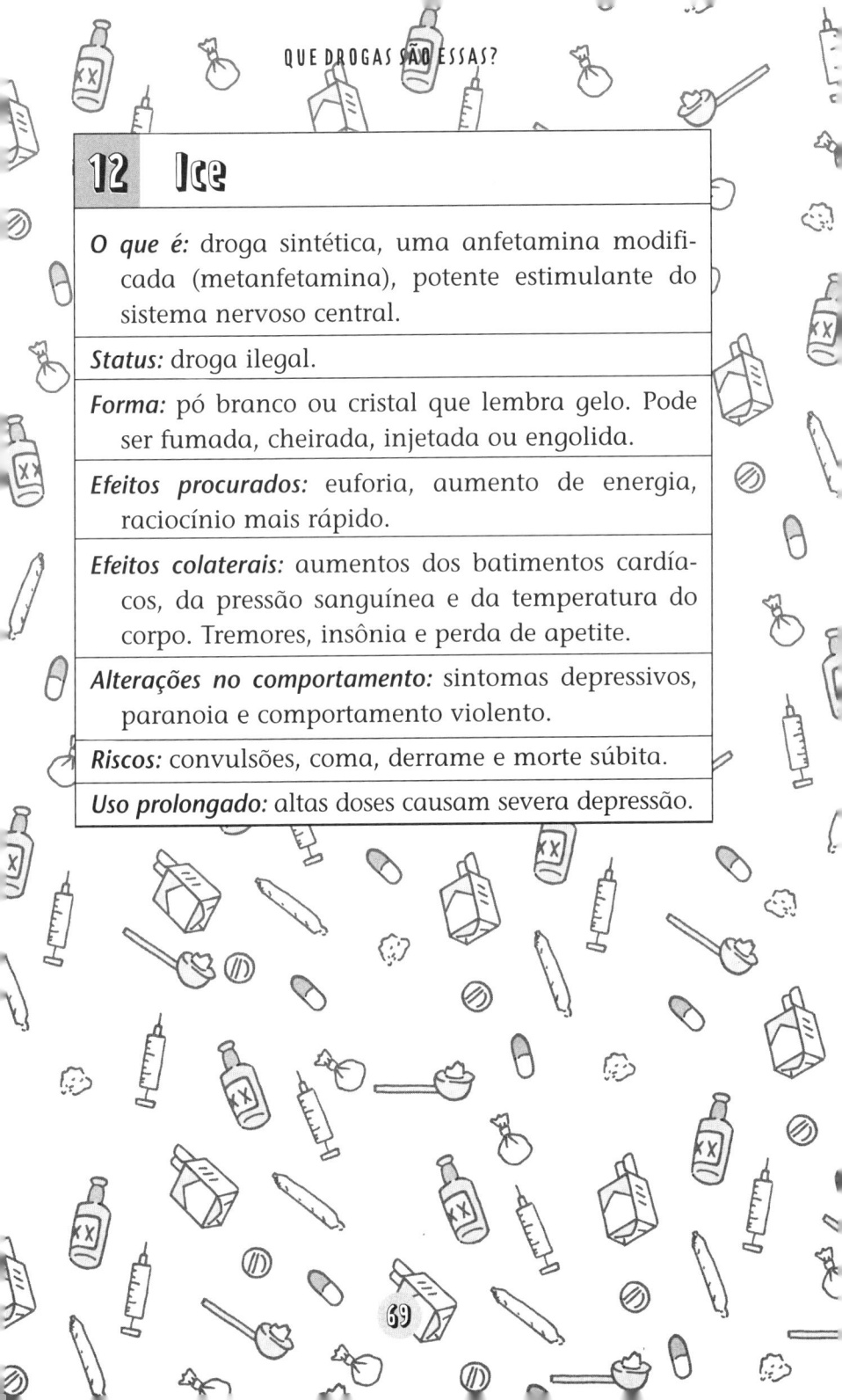

O que é: droga sintética, uma anfetamina modificada (metanfetamina), potente estimulante do sistema nervoso central.

Status: droga ilegal.

Forma: pó branco ou cristal que lembra gelo. Pode ser fumada, cheirada, injetada ou engolida.

Efeitos procurados: euforia, aumento de energia, raciocínio mais rápido.

Efeitos colaterais: aumentos dos batimentos cardíacos, da pressão sanguínea e da temperatura do corpo. Tremores, insônia e perda de apetite.

Alterações no comportamento: sintomas depressivos, paranoia e comportamento violento.

Riscos: convulsões, coma, derrame e morte súbita.

Uso prolongado: altas doses causam severa depressão.

13 Inalantes

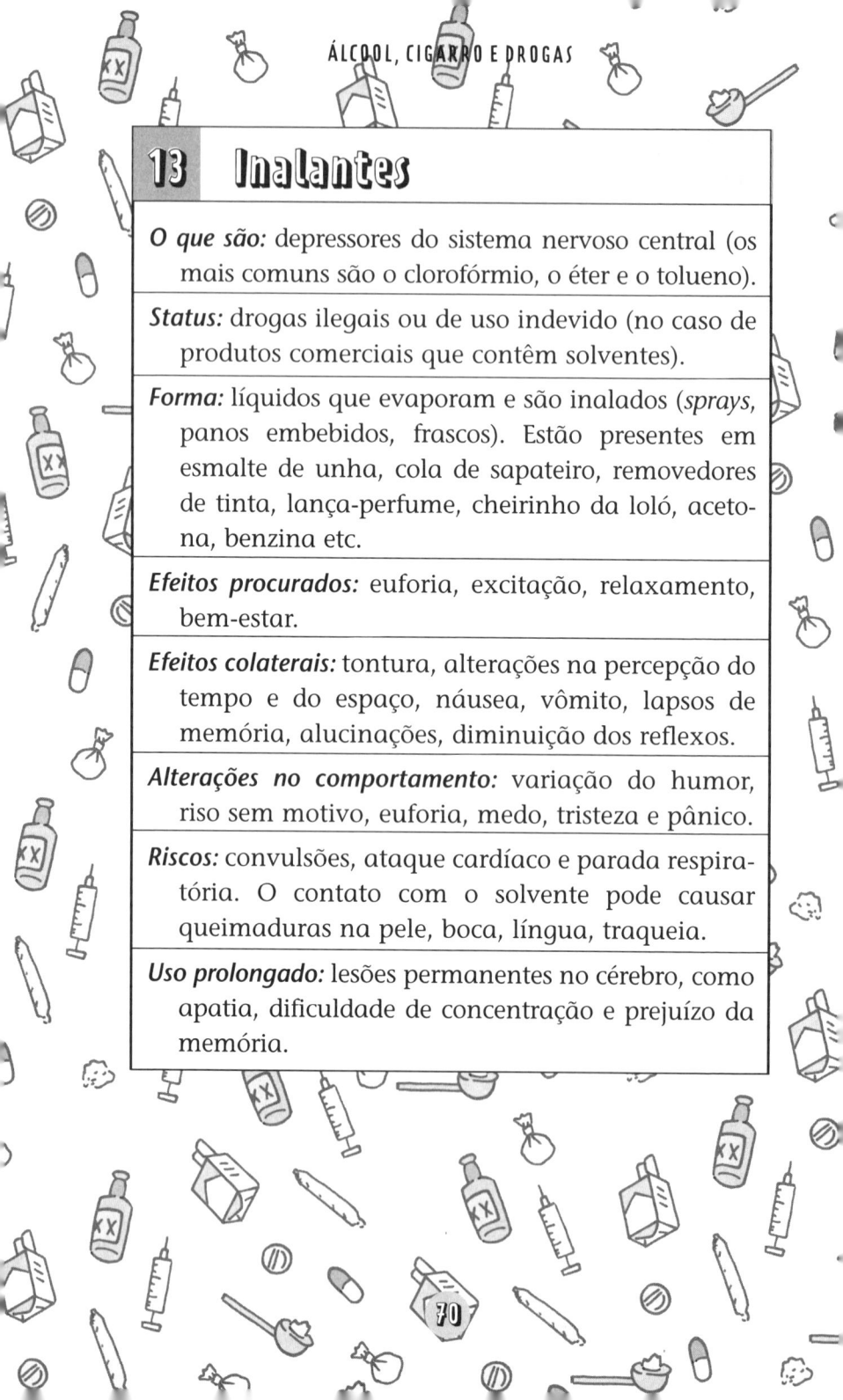

O que são: depressores do sistema nervoso central (os mais comuns são o clorofórmio, o éter e o tolueno).

Status: drogas ilegais ou de uso indevido (no caso de produtos comerciais que contêm solventes).

Forma: líquidos que evaporam e são inalados (*sprays*, panos embebidos, frascos). Estão presentes em esmalte de unha, cola de sapateiro, removedores de tinta, lança-perfume, cheirinho da loló, acetona, benzina etc.

Efeitos procurados: euforia, excitação, relaxamento, bem-estar.

Efeitos colaterais: tontura, alterações na percepção do tempo e do espaço, náusea, vômito, lapsos de memória, alucinações, diminuição dos reflexos.

Alterações no comportamento: variação do humor, riso sem motivo, euforia, medo, tristeza e pânico.

Riscos: convulsões, ataque cardíaco e parada respiratória. O contato com o solvente pode causar queimaduras na pele, boca, língua, traqueia.

Uso prolongado: lesões permanentes no cérebro, como apatia, dificuldade de concentração e prejuízo da memória.

14 LSD (ácido lisérgico)

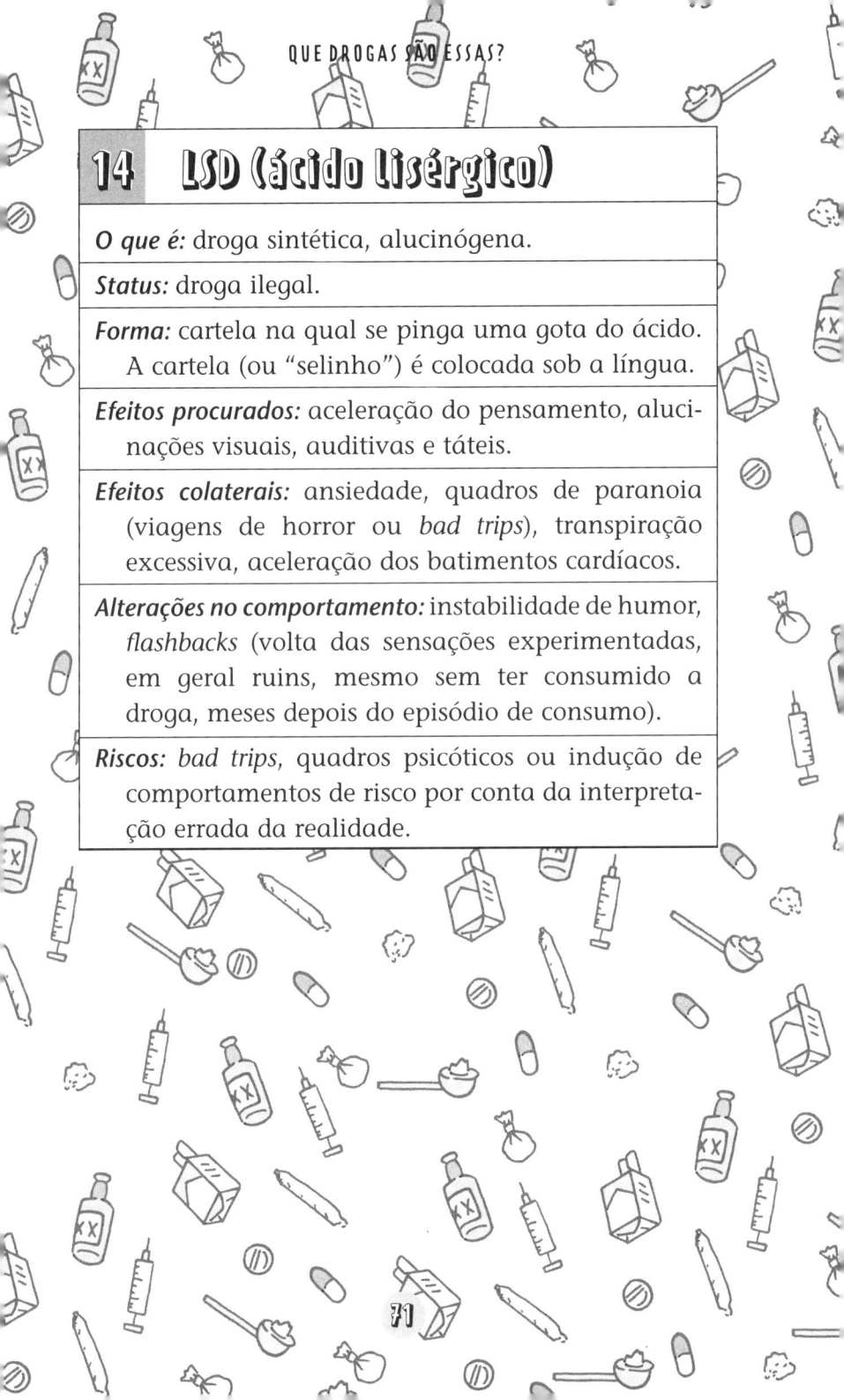

O que é: droga sintética, alucinógena.

Status: droga ilegal.

Forma: cartela na qual se pinga uma gota do ácido. A cartela (ou "selinho") é colocada sob a língua.

Efeitos procurados: aceleração do pensamento, alucinações visuais, auditivas e táteis.

Efeitos colaterais: ansiedade, quadros de paranoia (viagens de horror ou *bad trips*), transpiração excessiva, aceleração dos batimentos cardíacos.

Alterações no comportamento: instabilidade de humor, flashbacks (volta das sensações experimentadas, em geral ruins, mesmo sem ter consumido a droga, meses depois do episódio de consumo).

Riscos: *bad trips*, quadros psicóticos ou indução de comportamentos de risco por conta da interpretação errada da realidade.

15 Maconha

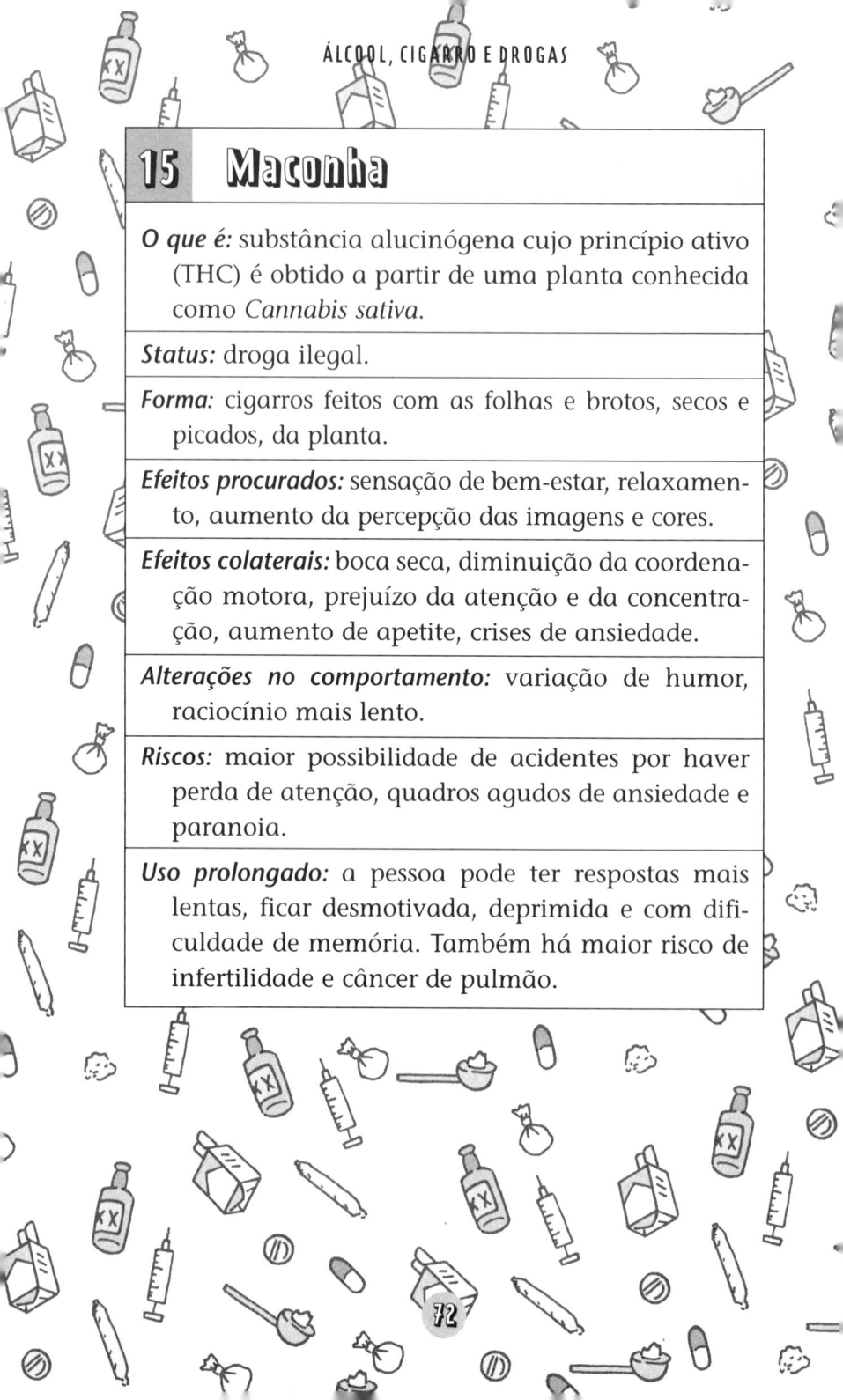

O que é: substância alucinógena cujo princípio ativo (THC) é obtido a partir de uma planta conhecida como *Cannabis sativa*.

Status: droga ilegal.

Forma: cigarros feitos com as folhas e brotos, secos e picados, da planta.

Efeitos procurados: sensação de bem-estar, relaxamento, aumento da percepção das imagens e cores.

Efeitos colaterais: boca seca, diminuição da coordenação motora, prejuízo da atenção e da concentração, aumento de apetite, crises de ansiedade.

Alterações no comportamento: variação de humor, raciocínio mais lento.

Riscos: maior possibilidade de acidentes por haver perda de atenção, quadros agudos de ansiedade e paranoia.

Uso prolongado: a pessoa pode ter respostas mais lentas, ficar desmotivada, deprimida e com dificuldade de memória. Também há maior risco de infertilidade e câncer de pulmão.

16 Nicotina

O que é: substância presente nas folhas do tabaco, com ação no sistema nervoso central.

Status: droga lícita.

Formas: cigarros industrializados com filtro, cigarrilhas, charutos, pacotes de fumo para cachimbo, fumo de corda. O tabaco também pode ser mascado.

Efeitos procurados: melhora do humor, perda do apetite, concentração, *status* social.

Efeitos colaterais: tontura, formigamento, alterações no humor, aumento dos batimentos cardíacos, da pressão arterial e da frequência respiratória.

Riscos: se ficar sem fumar, o fumante sente irritabilidade, dificuldade de concentração e mal-estar.

Uso prolongado: dependência, insuficiência respiratória, asma, bronquite e câncer de pulmão, boca e garganta. Problemas vasculares e maior risco de infarto.

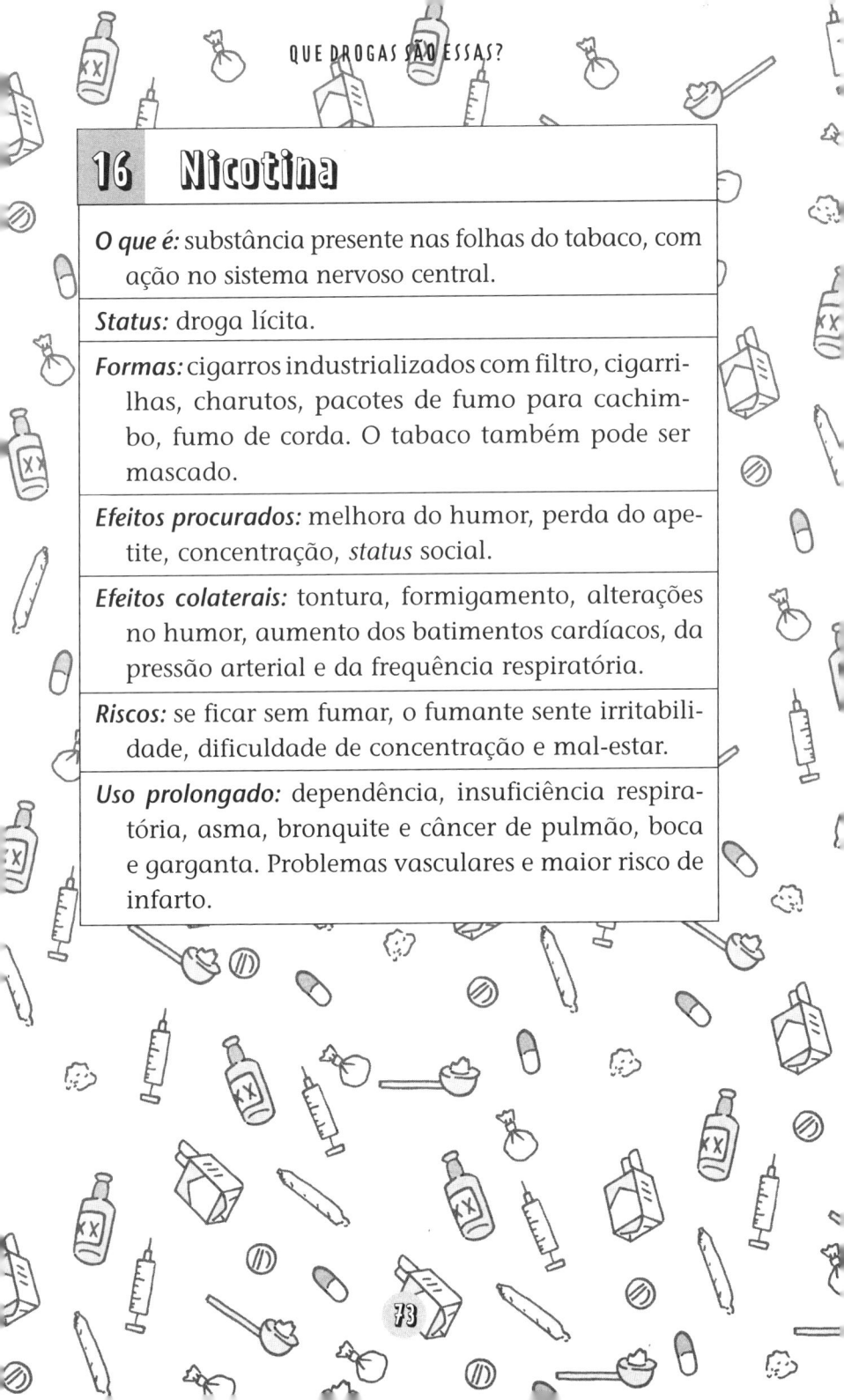

17 Poppers ("gás hilariante")

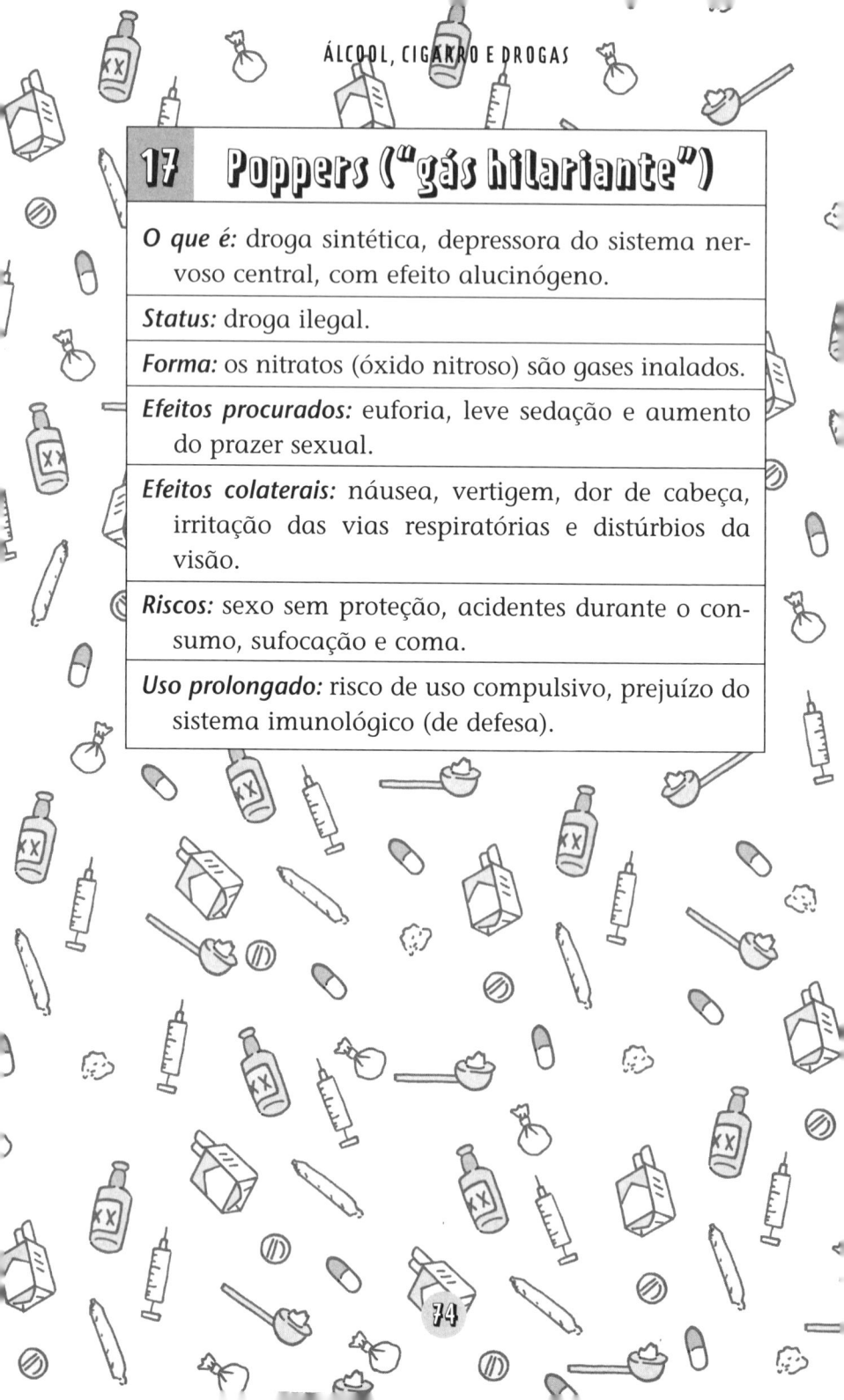

O que é: droga sintética, depressora do sistema nervoso central, com efeito alucinógeno.

Status: droga ilegal.

Forma: os nitratos (óxido nitroso) são gases inalados.

Efeitos procurados: euforia, leve sedação e aumento do prazer sexual.

Efeitos colaterais: náusea, vertigem, dor de cabeça, irritação das vias respiratórias e distúrbios da visão.

Riscos: sexo sem proteção, acidentes durante o consumo, sufocação e coma.

Uso prolongado: risco de uso compulsivo, prejuízo do sistema imunológico (de defesa).

18 Quetamina (Special-K)

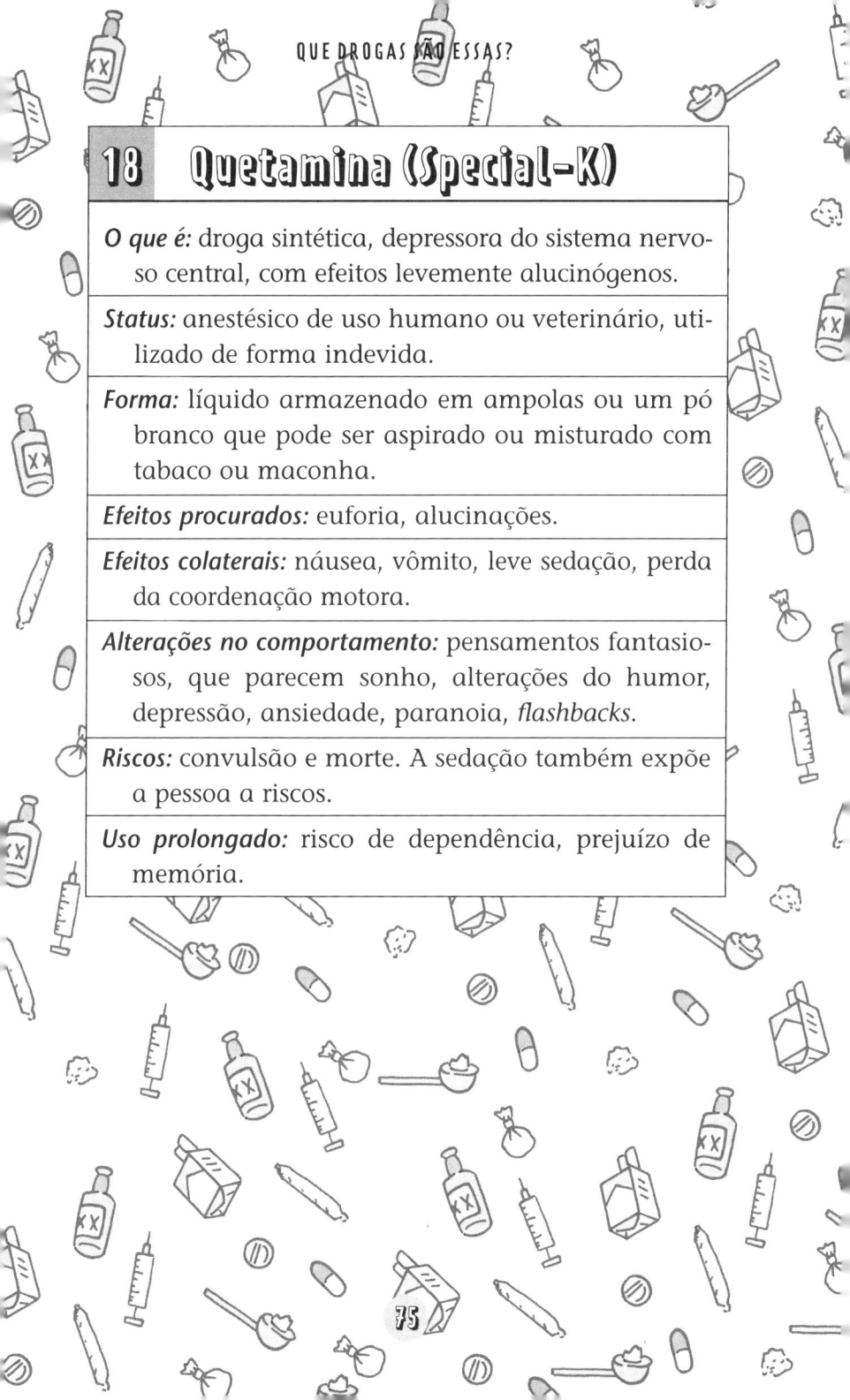

O que é: droga sintética, depressora do sistema nervoso central, com efeitos levemente alucinógenos.

Status: anestésico de uso humano ou veterinário, utilizado de forma indevida.

Forma: líquido armazenado em ampolas ou um pó branco que pode ser aspirado ou misturado com tabaco ou maconha.

Efeitos procurados: euforia, alucinações.

Efeitos colaterais: náusea, vômito, leve sedação, perda da coordenação motora.

Alterações no comportamento: pensamentos fantasiosos, que parecem sonho, alterações do humor, depressão, ansiedade, paranoia, *flashbacks*.

Riscos: convulsão e morte. A sedação também expõe a pessoa a riscos.

Uso prolongado: risco de dependência, prejuízo de memória.

19 Tranquilizantes ou calmantes

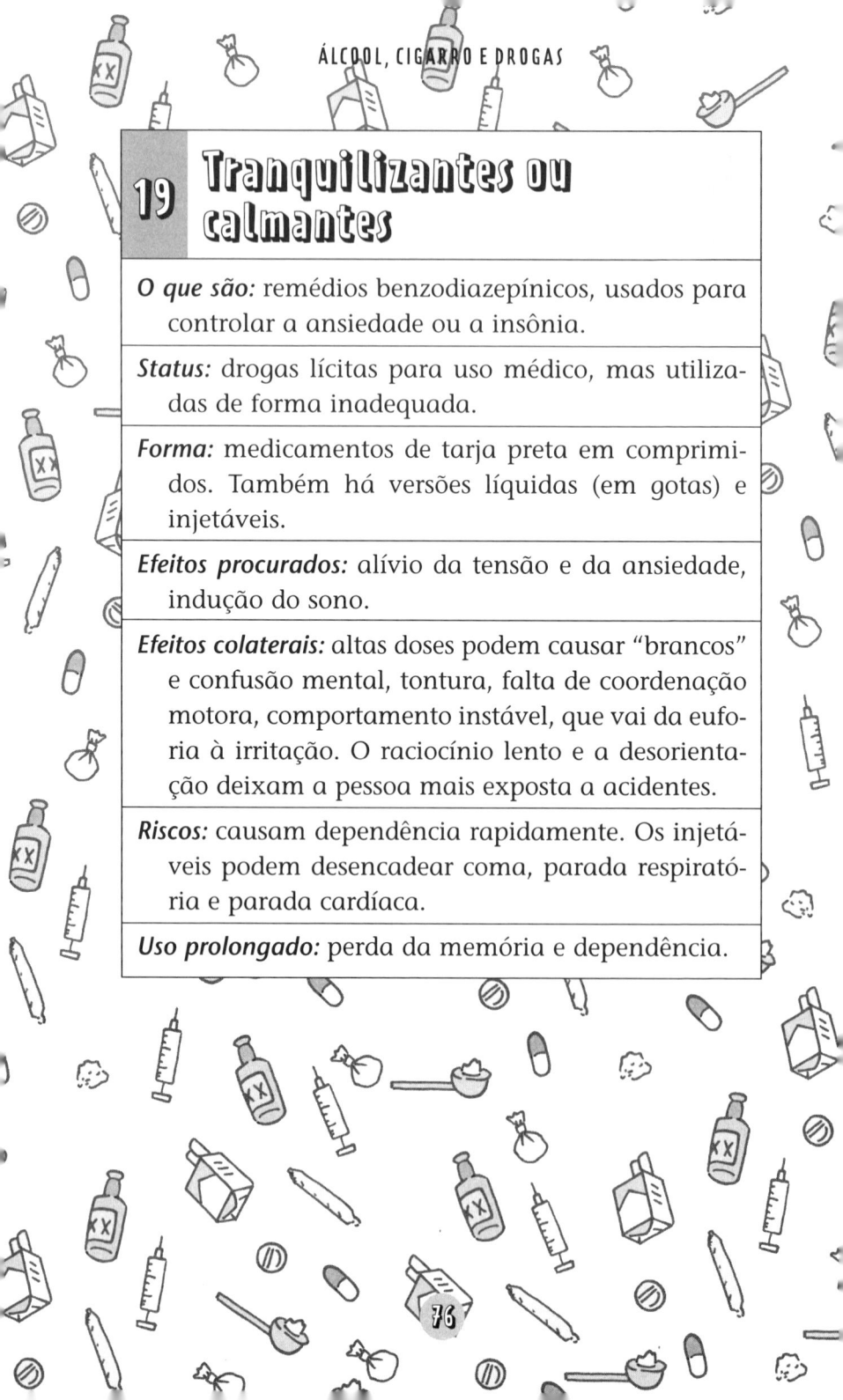

O que são: remédios benzodiazepínicos, usados para controlar a ansiedade ou a insônia.

Status: drogas lícitas para uso médico, mas utilizadas de forma inadequada.

Forma: medicamentos de tarja preta em comprimidos. Também há versões líquidas (em gotas) e injetáveis.

Efeitos procurados: alívio da tensão e da ansiedade, indução do sono.

Efeitos colaterais: altas doses podem causar "brancos" e confusão mental, tontura, falta de coordenação motora, comportamento instável, que vai da euforia à irritação. O raciocínio lento e a desorientação deixam a pessoa mais exposta a acidentes.

Riscos: causam dependência rapidamente. Os injetáveis podem desencadear coma, parada respiratória e parada cardíaca.

Uso prolongado: perda da memória e dependência.

CAPÍTULO 9

Toques finais

Agora que você já sabe um pouco mais sobre drogas, algumas dicas para levar esse assunto numa boa.

Usar drogas pra quê? Você conheceu neste livro um pouco mais sobre o mundo das drogas e entendeu o quanto elas, por trás de um apelo de novas experiências e sensações, podem colocar sua saúde e sua vida em risco.

Deve ter percebido também que, muitas vezes, a gente entra nessa história seduzido pela pressão dos amigos, do grupo ou da sociedade. Não precisa experimentar nada para ser descolado, bacana ou experiente. Só dependemos de nós mesmos para ser todas essas coisas. E quando estamos bem, gostando de quem somos, seguros, administramos muito melhor as questões da nossa vida.

Ok... Mas por que tanta gente usa algumas drogas, não passa mal e leva uma vida praticamente normal? Pois é, não dá para saber se essa pessoa vai ficar assim para sempre (o padrão de consumo dela pode mudar). Além disso, a mesma substância que não faz mal para uma pessoa pode fazer muito mal para você.

Acho que deu para perceber que muitas drogas lícitas, como o cigarro e a bebida alcoólica, podem fazer tanto mal para sua saúde como outras substâncias ilegais. Aliás, o tabaco e o álcool são dois problemas sérios de saúde pública no mundo todo e no Brasil também.

Converse sobre o assunto das drogas em casa e na escola. Este é um tema muito importante nos dias de hoje. Muitos pais fumam, bebem, são dependentes de remédios, e isso pode complicar muito a vida deles e a sua também.

Quem já usa algum tipo de droga deve estar atento

aos problemas que pode enfrentar, aos riscos que corre ao fazer associações com outras substâncias, ao padrão de consumo que pode se tornar mais frequente e, também, ao fato de que pode optar por parar quando quiser (já que hoje existem apoios e tratamentos muito mais eficazes).

Terminamos este livro – embora pequeno e, muitas vezes, superficial – esperando que ele consiga fazê-lo refletir um pouco sobre este tema e perceber que é só você mesmo quem pode cuidar da sua vida e das suas escolhas. É isso aí!

Seguem algumas dicas finais sobre as drogas que podem reduzir sua chance de enfrentar problemas e riscos

- Se você nunca usou uma droga, continue sem essa experiência.
- Se você não bebe e não fuma, evite essas experiências na adolescência.
- Quanto mais tarde você começar a beber, maior a chance de você saber *como* beber.
- Se bebeu ou usou drogas, não dirija.
- Se bebeu ou usou drogas, muito cuidado para não se envolver em brigas.
- Se bebeu ou usou drogas, não esqueça da camisinha.
- Se bebeu, não misture outras drogas.
- Se usou alguma droga, não beba nem misture com outras substâncias.
- Evite coquetéis e combinações de drogas.
- Se alguém ao seu lado passar mal por causa de álcool ou drogas, procure socorro imediato.
- Se injetou drogas, use seringa e agulha descartável e não divida esses apetrechos com ninguém.
- Procure ajuda médica se perceber que está com problemas. Os tratamentos hoje, para quem precisa, são muito mais eficazes.

Sobre o autor

Jairo Bouer é médico formado pela Faculdade de Medicina da Universidade de São Paulo, com residência em psiquiatria pelo Instituto de Psiquiatria da USP. A partir do seu trabalho no Projeto de Sexualidade do Hospital das Clínicas da USP (Prosex), passou a focar seu trabalho no estudo da sexualidade humana. Hoje ele é referência no Brasil quando o assunto é saúde e comportamento jovem, atendendo as dúvidas através de diferentes meios de comunicação. Profere também palestras em todo o país, em universidades, empresas e grandes eventos oficiais abertos ao público.

Além da prática de consultório, Jairo Bouer mantém programas na TV e em rádios brasileiras. Escreve no jornal *Folha de S.Paulo* há 11 anos, além de colaborações mensais em revistas e sites.

Por sua atuação nesta área, foi consultor do governo do estado de São Paulo para o projeto **Prevenção Também se Ensina**, que incluiu mais de 4.500 escolas públicas. Em 2001 lançou, em parceria com o jornalista Marcelo Duarte, *O Guia dos Curiosos – Sexo* e, em junho de 2002, lançou nova publicação para esclarecimento de dúvidas sobre sexualidade do público adolescente, *Sexo e Cia.*

Em 2002, ganhou o prêmio Destaque Saúde, outorgado pela **Organização Panamericana de Saúde**, em seu centésimo aniversário.